Karin Müller
wurde in Kitzingen am Main geboren. Sie studierte Angewandte Kulturwissenschaften an der Universität Lüneburg und arbeitete als Redakteurin für Zeitungen, Zeitschriften und Hörfunk. Die Pferdeleidenschaft der Autorin begann schon als Kind. Karin Müller lebt heute als freie Autorin mit ihren beiden Pferden, einem Trakehner und einer Arabo-Lipizzanerstute, in der Lüneburger Heide.

Karin Müller

Die Ponys vom Käuzchenhof

Hilfe für Laika

Schneider Buch

Die Deutsche Bibliothek – CIP-Einheitsaufnahme

Müller, Karin:
Die Ponys vom Käuzchenhof / Karin Müller. –
München : Egmont Schneider

Bd. 6. Hilfe fuer Laika. – 2002
ISBN 3-505-11690-4

Dieses Buch wurde auf umweltfreundlich
hergestelltes Papier gedruckt.

Der Schneider Verlag im Internet:
http://www.schneiderbuch.de

Titelbild und Illustration: Milada Krautmann
Herstellung/Satz: FIBO Lichtsatz GmbH, Unterhaching
Schrift: 11˙ Walbaum
Druck: Clausen & Bosse, Leck
Bindung: Conzella Urban Meister, München-Dornach
ISBN 3-505-11690-4

02 03 / 8 7 6 5 4 3 2 1

Vielen Dank dem Fohlennotdienst Wittorf
für die freundliche Unterstützung

1. Kapitel

in dem Tabea und Bert auf Wanderschaft und beinahe verloren gehen, weil Karten sich auch ganz anders knicken lassen, als man denkt

„Du hältst die Karte falsch herum!“ Tabea sieht Bert zweifelnd über die Schulter. „Wir müssen da lang!“ Sie weist mit ihrer Gerte auf einen schmalen Feldweg, der zwischen ein paar Beerensträuchern rechts vor ihnen verschwindet.

„Bist du sicher?“ Bert dreht die Karte in alle vier Richtungen. „Das sah vor ein paar Wochen hier noch alles ganz anders aus!“

Tabea zwinkert ihrem Freund grinsend zu. „Klar. Erstens saßen wir da auf Fahrrädern, und zweitens war noch nicht alles so zugewachsen. Das ist der Unterschied zwischen Frühling und Sommer!“

Ihr Rucksack drückt im Rücken. Sie hebt ihn mit beiden Händen ein wenig an und stützt ihn auf dem Schlafsack ab, den sie hinter Sunnys Sattel zusammengerollt hat. Mit den Pferden unterwegs. Da muss man alles selber tragen, was man so braucht. Sie haben sogar zusammenfaltbare Wassereimer aus Plastik dabei. Bis vor zwei Wochen wusste Tabea nicht einmal, dass es so was gibt.

„Und das ist nicht der einzige Unterschied“, stimmt Bert ihr zu und klatscht mit der flachen Hand auf eine vorwitzige Pferdebremse, die sich gerade auf Tinkers Hals niedergelassen hat. Sein geschecktes Pony schüttelt das Insekt gelassen ab und rupft weiter an dem köstlichen Gras. Sunny tut es ihm natürlich gleich. So ein Tagesritt ist etwas Herrliches. Zwar müssen Bert und Tabea alle paar Minuten anhalten, um in der Karte zu überprüfen, wohin sie weiterreiten sollen. Aber was für ein Abenteuer! Und für die Ponys sind es willkommene Pausen: Nase ins Gras und fressen!

„Haben wir eigentlich das Fliegenspray mitgenommen?“, erkundigt sich Bert und schlägt mit der zusammengefalteten Karte nach der nächsten Pferdebremse.

„Klar! Ich reite doch nicht ohne meine Spezialmischung durch die Wälder!“ Tabea ist mächtig stolz auf ihr selbst gemachtes Anti-Fliegenspray. Es besteht zum größten Teil aus Essigwasser und jeder Menge ätherischer Öle: Zedernholz, Grüne Tomate, Nelken. Das Rezept hat sie aus irgendeiner Pferdezeitschrift. Es stinkt zwar furchtbar, und das finden die Ponys auch – aber es hilft. Zumindest ein bisschen. Ungefähr eine halbe Stunde lang, behauptet Bert. Aber besser als nichts, findet Tabea.

Und von so ein paar blöden Blutsaugern lassen sie sich doch ihren Wanderritt nicht vermiesen! Denn der soll traumhaft werden: einen ganzen Tag lang unterwegs sein, heute Abend bei ihrer Freundin Nicole übernachten. Morgen früh mit dem Pferdeanhänger wieder zurück zum Käuzchenhof fahren. Das perfekte Ferienende! Sie haben sich schon ewig darauf gefreut und sich seit Wochen zu Hause vorbereitet: Kartenmaterial besorgt, Pläne gelesen, Routen überlegt und teilweise sogar mit dem Fahrrad abgefahren ... nur eben leider nicht alle Wege. Deswegen stehen sie jetzt mal wieder vor der Entscheidung: wo lang?

Und Benji kann ihnen auch nicht helfen. Ihren kleinen Hund musste Tabea zu Hause lassen. Für den wäre die Strecke doch ziemlich weit und anstrengend gewesen. Und stundenlang vor Bert oder Tabea im Sattel sitzen – da konnten sich kleine Hunde bestimmt was Angenehmeres und Bequemeres vorstellen! Zum Beispiel, zu Hause auf dem Käuzchenhof bleiben und die Katze ärgern – oder Hühner jagen. Beides natürlich nur, wenn es keiner von den Menschen sieht!

„Wie lange sind wir eigentlich schon unterwegs?“, fragt Tabea nach einer Weile. Ihr tut der Po weh. Aber das würde sie natürlich nie zugeben.

„Och, so drei Stunden, schätze ich“, antwortet Bert. „Wieso? Tut dir etwa der Po schon weh?“

„Man soll nicht von sich auf andere schließen“, gibt Tabea mit ärgerlich zusammengekniffenen Augen zurück. Dann muss sie grinsen, denn sie beobachtet, dass Bert verstohlen auf seinem Sattel herumrutscht.

„Lieber Doktor Winter“, murmelt sie und versucht, sich das Grinsen zu verkneifen. „Warum können Jungs nicht ehrlich sein?“ Dann rutscht sie selber möglichst unauffällig im Sattel herum, um eine bequemere Position zu finden. Aber Bert dreht sich genau in diesem Moment um. Da müssen beide lachen.

„Wollen wir eine Pause machen? Natürlich nur wegen der Pferde!“, schlägt Bert spitzbübisch vor.

„Klar, wegen wem sonst!“, gibt Tabea feixend zurück. „Bei den Wacholderbüschen dort drüben?“

Bert steht in den Steigbügeln auf und sieht sich suchend um. „Perfekt“, meint er nach ein paar Sekunden. „Dort drüben ist ein Graben. Da werd ich mal nach Wasser sehen.“

Sie binden die Pferde nicht an. Die beiden haben ja keine Veranlassung wegzulaufen. Und weit und breit ist niemand, der sie stören könnte. Weit unten an der befestigten Flurstraße parkt ein rotes Auto. Aber als Tabea in die Richtung sieht, setzt der Fahrer gerade zurück und fährt weg. Tabea lockert Tinker und Sunny die Sattelgurte und nimmt ihnen das Gebiss heraus. So können sie besser grasen. Die Zügel knotet sie den beiden Ponys um den Hals, damit sie nicht aus Versehen drauftreten und sich erschrecken.

„Lass uns noch mal in die Karte gucken“, schlägt sie vor, als sie es sich im Schatten unter einem der Büsche bequem gemacht haben. Zur Abwechslung auf Berts ausgerolltem Daunenschlafsack zu sitzen fühlt sich an wie der pure Luxus.

Bert seufzt. „Wenn du meinst.“ Dann faltet er die Karte auseinander.

Tabea stutzt. „Sag, dass das nicht wahr ist!“, murmelt sie dann entsetzt.

„Was?“, fragt Bert ahnungslos zurück und

reicht Tabea die Plastikflasche mit Orangensaft. „Auch 'n Schluck?"

Tabea greift abwesend nach der Flasche. „Na, sieh doch mal hier, du Nase!" Sie zeigt auf den Falz der Karte, der von ihren Pferdefingern schon ganz braun ist. „Wir haben die ganze Zeit auf der Karte einen Knick übersprungen."

„Was für 'nen Knick?", fragt Bert.

„Na einen ganzen Abschnitt der Karte. Wir haben falsch gefaltet. Oder falsch gelesen. Oder was weiß ich?! Jedenfalls sind wir verkehrt geritten", stöhnt Tabea.

„Oh", macht Bert.

Tabea sieht ihn schweigend an.

„Na, dann reiten wir eben wieder zurück!", schlägt er achselzuckend vor. „Bis wir wieder an der Stelle sind, wo wir die Karte falsch umgeblättert haben."

„Bleibt uns wohl nichts anderes übrig", gibt Tabea seufzend zu und nimmt einen kräftigen Schluck O-Saft. Lieber Doktor Winter, denkt sie. Gehen breit gesessene Dellen aus meinem Po wieder raus, bis ich groß bin, oder behalte ich einen sattelförmigen Wanderritts-Hintern?

Bert sieht sie fragend an. Sie hat doch wohl nicht laut gedacht? Bert kennt zwar Tabeas unsichtbaren Briefkastenonkel zur Genüge, aber er muss ja nun nicht alles wissen, was sie ihn fragt …

Doch es sieht so aus, als ob er etwas anderes wissen will. „Wollen wir ein Stück führen?“, wiederholt er geduldig seine Frage, die Tabea offenbar überhört hat. „Wegen der Pferde, meine ich, um sie zu schonen.“

„Äh, klar, gute Idee“, antwortet Tabea und nickt heftig. Dann hilft sie ihrem Freund, den zusammengerollten Schlafsack wieder in die Hülle zu pressen und am Sattel festzuzurren.

„Wir müssen aber nicht meine Eltern anrufen und sagen, dass wir uns verritten haben, oder?“, fragt sie dann kleinlaut. Sie haben ewig und drei Tage betteln müssen, bis ihre Eltern den Wanderritt erlaubt haben. Jetzt eingestehen müssen, dass sie es doch nicht auf die Reihe gekriegt haben, wäre furchtbar.

Bert schüttelt heftig den Kopf. „Quatsch. Das müssen die nicht wissen. Wir rufen heute Abend wie vereinbart an und sagen Bescheid, wenn wir da sind. Wir haben genug Zeit für Pausen eingeplant. Wenn wir jetzt gut vorankommen, werden wir nicht mal eine Verspätung haben.“

Tabea ist sich ziemlich sicher, dass Bert statt „gut vorankommen“ in Wirklichkeit „nicht wieder verreiten“ meint. Aber sie sagt lieber nichts dazu, sondern knotet Sunnys Zügel auf und fragt: „Wo lang?“

„Wo wir hergekommen sind, erst mal“, sagt Bert bestimmt und zeigt geradeaus.

Schweigend führen sie die Pferde entlang ihrer eigenen Hufspuren zurück. Im sandigen Heideboden ist das kein Problem. Doch dann kommen sie an ein Stück mit trockenem Gras. Und noch dazu sind hier offenbar ganze Reiterscharen langgeritten. Unmöglich, ihre eigenen Hufspuren da noch zu erkennen. „Was sagt denn die Karte?“, fragt Bert unsicher. Tabea hat den Plan inzwischen wieder in ihre Packtasche gesteckt.

„Warte mal.“ Vorsichtig faltet sie die Karte auf, damit sie diesmal nicht wieder eine Seite übersehen.

„Nein“, sagt Bert. „Du musst sie wieder so falten wie vorhin, sonst kommen wir nicht zu dem Punkt zurück, an dem wir waren.“

„Aber da sind wir doch schon dran vorbei, oder?“, fragt Tabea zurück. „Guck doch mal. Hier ist der Bach und da drüben die Schonung. Und hier rechts geht der Weg rein.“

„Links“, widerspricht Bert.

„Rechts“, beharrt Tabea.

Dann sehen sie sich an und lachen los.

„Soll ich dir was sagen?“, gluckst Tabea nach einer Weile. „Ich glaub, richtige Wanderreiter werden wir nie. Ich würde sagen, wir haben uns verlaufen!“

2. Kapitel

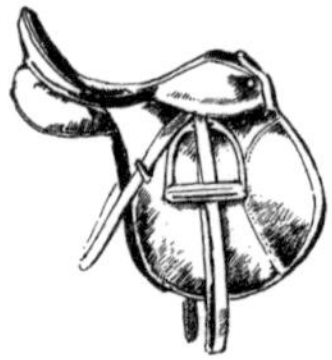

in dem Tabea und Bert die Orientierung wieder finden, Bauer Petersen ihnen zu einem Nachtquartier verhilft und auf seiner Winterweide plötzlich ein Einhorn steht

„Nicht!“ Tabea zieht Bert heftig am Ärmel. Bert hat das Handy schon in der Hand, bereit, die Nummer zu wählen und die Niederlage zu Hause einzugestehen.

„Vielleicht sollten wir erst mal jemanden fragen, wo wir eigentlich sind. Und dann versuchen wir's noch mal, was meinst du?“

Bert feixt. „Na, ich bin bestimmt nicht scharf drauf, meinen Eltern zu bestätigen, dass ich ein kleiner Junge bin, der keine Karten lesen kann und den man niemals hätte allein losreiten lassen sollen. Das haben wir doch gleich gewusst! Dabei macht er gekonnt den Tonfall seiner Mutter nach und schneidet Grimassen.

Tabea verkneift sich ein breites Grinsen. „Okay. Dann steck das Ding erst mal wieder ein“, schlägt sie vor und richtet sich im Sattel auf. Nachdem ihnen die Füße vom ungewohnten Laufen in den Reitschuhen wehtaten, waren sie wohl oder übel wieder in den Sattel geklettert. Sunny und Tinker beweisen dagegen unglaubliche Geduld. Solange ihre beiden Reiter immer wieder anhalten, um mit dem großen bunten Papier zu rascheln, haben sie reichlich Gelegenheit, die Mäuler ins Gras zu stecken: ein perfekter Picknick-Spazierritt.

„Ich hab doch vorhin so ein rotes Auto da bei den Bäumen gesehen", erinnert sich Bert. Aber als er in die Richtung zeigt, ist weit und breit keine Menschenseele zu sehen. Tabea kneift die Augen zusammen. So kann sie besser sehen. Dahinten bewegt sich doch etwas? Sie zeigt mit dem Finger auf den gelben Punkt, der langsam näher kommt.

„Ein Mähdrescher", ruft sie begeistert.

Bert zieht die Augenbrauen zusammen. Normalerweise kreischt Tabea das in einem ganz anderen Tonfall. Ängstlich oder nervös zumindest. Weil Sunny sich aufregen und bei dem lauten Knattern der Landmaschinen weglaufen könnte. Tut sie aber nie. Fast nie zumindest.

Möglichst unauffällig nimmt Tabea die Zügel ein bisschen fester. Aber Sunny interessiert sich viel mehr für den leckeren Klee, der ihr fast ins Maul hineinwächst, als für den näher kommenden, dröhnenden Mähdrescher. Tabea schluckt. Ihr sind diese großen lärmenden Maschinen nämlich ganz schön unheimlich. Aber das muss ja keiner wissen. Nicht mal Doktor Winter.

Bert reißt die Arme hoch und winkt dem Bauern wild zu. Schließlich stoppt er seine Maschine, hält an und schaltet in den Leerlauf. „Na? Was' los? Verritten?“, brummt er auf sie herab.

Bert sieht ihn erstaunt an. Dazu muss er den Kopf in den Nacken legen.

„Na, langsam genug bin ich ja gefahren, und eure Ponys sehen nicht so aus, als ob sie mein Mähdrescher interessieren würde, oder wie?“, erklärt er brummelig weiter. Sunny und Tinker sehen nicht mal auf, sie haben die Nasen immer noch in Klee und Gras vergraben, als hätten sie seit Wochen nur Heu zu fressen bekommen. „Und? Was ist nun?“

Bert sagt: „Äh.“

Tabea unterbricht ihn. „Erst mal wirklich schönen Dank, dass sie so umsichtig gefahren sind. Das machen nicht alle Landwirte.“

„Schon gut“, brummelt der Mann weiter und nimmt einen Schluck aus seiner Thermoskanne. „Aber deswegen hat dein Freund hier nicht gewunken, oder wie?“

„Nein“, antwortet Tabea rasch. „Wir haben

uns wirklich verritten. Wo geht's denn hier nach Otter?"

„Och du liebe Tid!", grunzt der Bauer, kippt den Rest Kaffee schwungvoll aus und kratzt sich am Kopf. Dann blickt er auf seine Armbanduhr. „Na, das wird aber 'n büschen knapp heute, wie?"

Tabea schluckt. Bert macht auch kein besonders begeistertes Gesicht. Der Landwirt dreht seufzend den Schlüssel und stellt den Motor ab. Nun hebt Sunny doch einmal kurz den Kopf.

„Da müsst ihr am besten dahinten in den Forst reiten und dann immer Richtung Nordosten, also die Sonne im Rücken." Er zeigt mit einer Hand, die so groß ist wie ein Suppenteller, in die entsprechende Richtung. „Wo kommt ihr denn eigentlich her?", erkundigt er sich.

„Behringen", erklärt Tabea grob.

„So", macht der Landwirt. „Ganz ordentliche Strecke. Na ja. Meine Kinder seid ihr ja nicht."

Tabea überlegt kurz, ob sie jetzt wütend werden soll, lässt es dann aber. Schließlich wollen sie ja, dass der Mann ihnen hilft.

„Wir haben uns eben verritten." Bert hat offenbar die Sprache wieder gefunden. „Das kann jedem mal passieren. Mit dem Alter hat das gar nichts zu tun. Wir haben gute Pferde, jede Menge Proviant, und wir haben sogar ein Handy dabei."

„Außerdem ist das hier nicht die Wüste Gobi, sondern die Lüneburger Heide", ergänzt Tabea. Wieso rechtfertigen sie sich eigentlich vor einem wildfremden Mann?

Immerhin schmunzelt er jetzt. „Na, denn will ich man nix gesacht ham. Ich würd euch aber trotzdem vorschlagen, dass ihr zu Hause anruft, oder wo man euch erwartet, und die Nacht lieber auf einer meiner Weiden verbringt. Ich hab gleich hier hinten 'nen Offenstall, Stroh zum Einstreuen ist auch da. Meine Pferde stell ich dahin erst wieder im Herbst. Ist meine Winterweide, sozusagen. Eingezäunt is' – nur kein Strom drauf. Zur Not müsst ihr die Ponys eben anbinden. Aber bei dem hohen Gras sollten sie nicht stiften gehen. Macht's euch da bequem – Angst werdet ihr ja wohl keine haben im Dunkeln, oder?" Er wischt sich mit einem riesigen Taschentuch Schweiß von der Stirn. Als ob ihn das lange Reden angestrengt hätte.

Bevor Tabea etwas erwidern kann, nimmt Bert das Angebot an. „Danke. Das ist echt supernett von Ihnen, Herr ..."

„Petersen", sagt der Landwirt nun wieder in seinem gewohnt brummeligen Ton. Er beschreibt ihnen kurz den Weg. „Findet ihr da hin?"

Tabea und Bert nicken empört. Das ist ja nur den nächsten Feldweg rein und dann die dritte Weide links. Das sollte nun wirklich ein Kinderspiel sein für so erfahrene Wanderreiter wie sie!

„Na!", sagt der Landwirt zum Abschied und startet seinen Motor wieder. „Denn man tau. Ich kiek nachher nochmal rum, ob alles in Ordnung ist." Damit legt er den Gang ein und rollt los.

„Nicht nötig", brüllt Bert gegen den Lärm an. Aber Bauer Petersen winkt nur noch einmal und rattert los.

„Netter Mann", meint Bert schließlich.

„Hmmm", brummelt Tabea beleidigt. Sie kann es nicht leiden, wenn sie sich bloßgestellt fühlt. Der hat sie doch für Weicheier gehalten! Und dummerweise auch noch mit Recht! „Und wer ruft jetzt zu Hause an und sagt Bescheid?"

„Immer der, der fragt", erwidert Bert grinsend und hält ihr das Mobiltelefon hin.

Tabea seufzt ergeben. „Immer ich."

Zum Glück geht ihre Mutter ans Telefon. Die ist viel leichter rumzukriegen als Tabeas Vater, weil sie selber recht abenteuerlustig ist. Katharina Weiden ist Journalistin. Bevor sie den Käuzchenhof gekauft hatten, kam es mit schöner

Regelmäßigkeit vor, dass Tabea nur einen Zettel auf dem Küchentisch vorfand: „Bin zu einem Interview nach New York geflogen. Eintopf ist im Kühlschrank. Drei Minuten auf 500 Watt in der Mikrowelle, Deckel nicht vergessen."

Tabeas Vater Dirk ist ganz anders. Der arbeitet in der Sparkasse und trägt Anzug und Krawatte. Zumindest im Dienst. Aber ab und zu denkt er auch mit Anzug im Kopf, findet Tabea. Da muss immer alles seine Ordnung haben. Manchmal wundert sie sich, wie ihre Eltern zueinander gefunden haben. „Gegensätze ziehen sich an", sagt ihre Oma dazu.

„Ist Papa gar nicht zu Hause?", fragt Tabea vorsichtig.

„Nö, der muss Überstunden machen", erklärt ihre Mutter am anderen Ende der Leitung fröhlich. „Ich sitze gerade im Garten und male. Tschucki sitzt mir auf dem Schoß, und Benji ist eifersüchtig. Seid ihr schon da?"

„Äh, nicht direkt", gibt Tabea zu. Hilfe suchend sieht sie Bert an. Der grinst nur.

„Oh? Habt ihr euch verritten?", fragt Tabeas Mutter. Es klingt mehr wie eine Feststellung und überhaupt nicht überrascht oder besorgt.

Tabea zieht die Stirn kraus. Wieso wissen das immer gleich alle? „Ist doch nicht schlimm", trällert ihre Mutter weiter. „Habt ihr was, wo ihr sicher und trocken übernachten könnt?"

„Ja", antwortet Tabea überrascht. „Hier war so ein netter Landwirt, der hat uns den Weg zu seiner Winterweide gezeigt. Da können wir im Offenstall schlafen."

„Na, das ist doch prima. Ein richtiges Abenteuer, was? Ihr fürchtet euch aber nicht im Dunkeln, oder?" Jetzt klingt die Stimme von Katharina Weiden doch ein wenig besorgt.

Tabea schüttelt den Kopf, auch wenn ihre Mutter das nicht sehen kann. „Nein, bestimmt nicht."

„Und wenn was ist ...", fängt Frau Weiden an.

Tabea beendet den Satz: „... rufen wir an."

Am anderen Ende der Leitung hört sie ihre Mutter seufzen. Dann klingt sie wieder unbeschwert und fröhlich: „Gut. Dann ruf ich in Otter an und sage, dass ihr erst morgen früh kommt, einverstanden?"

„Das wär toll, Mama! Danke. Ich hab dich lieb."

„Ich dich auch, Mäusekind. Schlaft gut und bis morgen! Wir holen euch dann mit dem Anhänger wie vereinbart nachmittags ab, falls wir nichts anderes von euch hören, okay?"

„Okay!", bestätigt Tabea. „Und viele Grüße von Bert." Damit legt sie auf.

„Viele Grüße zurück“, richtet sie Bert aus.

Der atmet tief aus. „Puh. Deine Mutter ist klasse. Bei uns wär das gleich wieder ein Drama gewesen.“

Tabea strahlt. „Ja, Mama ist genial. Würd ich niemals umtauschen. Schauen wir mal, ob unsere Hütte das auch ist, oder?“ Sie reicht Bert das Handy, damit er es ausmacht und einsteckt.

Sunny und Tinker sind ziemlich mürrisch, als die beiden die Zügel wieder aufnehmen und sie die Köpfe aus dem Klee nehmen müssen. Doch Bert und Tabea lassen nicht mit sich handeln. Sie wollen endlich aus den Sätteln und die Rucksäcke abnehmen.

Drei Minuten später sind sie an der beschriebenen Wiese angelangt. Schon von weitem hören sie Begrüßungswiehern. Tinker und Sunny antworten erregt und legen einen Schritt zu. Aber Tabea und Bert können keine anderen Pferde sehen. Sie müssen wohl hinter der Weide sein. Denn die ist nicht nur links und rechts, sondern auch nach hinten von hohen Hecken begrenzt. Gerade im Winter spenden die bestimmt Schutz vor strengem Wind.

Und dann sind die anderen Pferde auch für eine Weile vergessen. Tabea und Bert haben es jetzt erst einmal eilig, Ballast abzuwerfen. Sobald sie Tinker und Sunny die Sättel und das Zaumzeug abgenommen haben, werfen sich die Ponys ins Gras und wälzen sich lustvoll. Wo sie unterm Sattel geschwitzt haben, sehen sie gleich ganz grün aus. Tabea und Bert stellen ihre Sättel innen an die Wand des Offenstalls und lehnen ihre Rucksäcke daneben. Der Stall ist in hervorragendem Zustand. Solide Balken und Bretter und sogar eine Selbsttränke in einer Ecke. Da regnet nichts durch, und windgeschützt ist es auch. Die Eingangsseite ist ebenfalls zur Hälfte mit Brettern verschalt. „Hier können wir prima schlafen“, ruft Bert begeistert.

„Lass uns das Tageslicht ausnutzen und gleich die Betten bauen“, schlägt Tabea vor.

In einem Schuppen neben dem Offenstall finden sie, wie der Bauer gesagt hat, jede Menge Stroh und Heu gestapelt.

Einen Strohballen schneiden sie auf und streuen sich damit eine Matratze für die Schlafsäcke auf den von vielen Hufen festgestampften Stallboden. Aus einer Reihe weiterer Ballen stapeln sie sich eine kleine, hüfthohe Wand, damit Sunny und Tinker nicht im Dunkeln aus Versehen auf sie treten. Und auch, weil Tabea sich dann aus irgendwelchen Gründen, die sie Bert nicht erklären kann, sicherer fühlt.

Als sie ihr Lager gerichtet haben, geht gerade die Sonne unter.

Sunny und Tinker sehen in dem rotgoldenen Licht wie Märchenpferde aus. Sunny ähnelt einem Einhorn, findet Bert. Aber das sagt er Tabea nicht, sonst hält sie ihn am Ende für ein Weichei. Tabea denkt das Gleiche, als sie ihre weidende Stute so im Gegenlicht in dem kniehohen Gras betrachtet. Aber sie verrät es Bert nicht, weil der sonst bestimmt wieder verächtlich „Mädchen!“ sagt.

3. Kapitel

in dem Bert und Tabea die dünnsten Pferde ihres Lebens sehen, zu Tierschutzzwecken Heu klauen und das Abenteuer auf der Nachbarweide erst so richtig losgeht

Tabea und Bert haben gerade ihr Abendessen ausgepackt: Sie haben Äpfel, belegte Brote (die sehen jetzt etwas zerknautscht aus), ein paar Tomaten und Orangensaft. Damit machen sie es sich auf Berts Schlafsack vor dem Offenstall bequem. In der beginnenden Dämmerung steigt Nebel vom feuchten Boden auf. Aber es ist gar nicht unheimlich, sondern eher wie gemalt.

Die Ponys heben kurz die Köpfe aus dem Gras, als das Wiehern der anderen Pferde wieder anfängt, und gehen neugierig in die Richtung, aus der es kommt. Es klingt irgendwie flehend. Tabea sieht Bert fragend an. Ob der das auch so sieht?

„Wir sollten da mal nachsehen", antwortet Bert, als hätte er ihre Gedanken gelesen.

Doch sie werden vom Geräusch einer schlagenden Autotür abgelenkt.

„Na, schlaft ihr schon?“ Bauer Petersen steht mit einem vollen Picknickkorb am Tor und winkt. Bert und Tabea winken zurück und gehen auf ihn zu.

„Meine Frau hat mir ein paar Sachen für euch eingepackt. Heißen Tee und Schokoladenkuchen, ein bisschen Kartoffelsalat und Würstchen. Ich hoffe, ihr mögt das?“ Verlegen kratzt er sich am Ellbogen.

Bert versteckt schnell das angebissene Brötchen hinter seinem Rücken. „Klar! Riesig!“, antwortet er und strahlt von einem Grübchen zum anderen.

„Na, dann is ja man gut“, sagt Petersen nickend. „Sonst alles klar?“ Stirnrunzelnd beobachtet er Sunny und Tinker, die am unteren Weideende stehen und durch die Hecke lugen. Sunny schlägt gerade mit dem Vorderbein und quietscht.

„Sind da hinten Pferde?“, erkundigt sich Tabea. „Wir haben was wiehern gehört.“

„Hatte gedacht, die wären schon längst weg. Die Besitzerin ist nämlich im Ausland. Hat jemanden gesucht, der sich um ihre Isis kümmert, während sie ihr Praktikum macht. Aber das Mädel wohnt doch inne Stadt, hat Becky gesagt, und wollte die Ponys näher zu sich holen ...“

Abwesend schüttelt Petersen mit dem Kopf. „Na, werd wohl morgen früh mal nach dem Rechten sehn. So. Denn geh ich mol wieder", sagt er schließlich zu Bert und Tabea gewandt und drückt Bert den Korb in die Hand. Bert geht fast in die Knie. Das Ding ist schwerer, als es aussieht.

„Ja, dann noch mal vielen, vielen Dank", ruft Tabea ihm nach. Der Landwirt hat sich bereits mit schweren Schritten in seinen klobigen grünen Gummistiefeln auf den Weg zum Tor gemacht.

„Und wie machen wir das mit dem Korb?", setzt sie hinterher, bevor er ganz verschwunden ist.

Am Gatter dreht Petersen sich noch mal um. „Dat kriegen wir schon. Ich kiek morgen früh noch mal rum", verspricht er, winkt und fährt davon.

Bert stellt den Korb vor dem Schlafsack ab, hebt das angekaute Brötchen auf, das er vorhin fallen gelassen hat, und packt es zurück in die Papiertüte. „Ich liebe Kartoffelsalat", verkündet er und sieht Tabea an.

„Wollen wir nicht erst mal die Pferde ansehen?", fragt Tabea zögernd. Aber ihr Magen knurrt ebenfalls, und Bert macht keine Anstalten, seine Untersuchung des Korbinhaltes zu unterbrechen. „Na ja, die laufen uns wohl nicht weg“, meint sie dann achselzuckend, plumpst neben ihn auf den Schlafsack und lässt sich von Bert einen Teller geben.

„Bber Herr Pebberwemm iff efft mett“, meint Bert nach einer Weile mit vollem Mund.

Tabea nickt und beißt herzhaft in ein Stück Schokokuchen. „Ummmd ffeime Ffrau kamm prima bappem“, lobt sie die Backkünste der Bäuerin. Sie essen schweigend weiter, bis ihre Bäuche kugelrund und prallvoll sind und sie wirklich nicht mehr können. Stöhnend lässt sich Bert an die Holzwand des Schuppens sinken. „Wollen wir nun noch mal nach den fremden Pferden sehen?“, schlägt Tabea nach einer Weile mit geschlossenen Augen vor.

Bert nickt stöhnend. „Aber du musst mir aufhelfen. Ich komm allein nicht hoch, glaub ich.“

„Gut. Dann gib mir deine Hand. Los jetzt, bevor's dunkel wird!“

Und so stapfen sie ans untere Ende der Weide. Sie ist bestimmt einen Hektar groß. Sunny und Tinker haben schon lange aufgehört, aufgeregt vor der Hecke auf und ab zu laufen und mit den dahinter verborgenen Pferden um die Wette zu wiehern. Das Gras war dann doch verlockender.

Aber als Bert und Tabea jetzt in die Hecke klettern, kommen sie wieder neugierig näher.

„Gibt's da denn keinen bequemeren Weg?", beschwert sich Tabea. „Ich bin schon ganz zerkratzt." Aber dann hält sie überrascht die Luft an und bleibt stehen. Vor ihr im Gestrüpp taucht plötzlich eine samtweiche Pferdenase auf und schnuppert mit geblähten Nüstern.

„Hallo, wer bist du denn?", fragt sie mit sanfter Stimme. Das Pferd spitzt die Lippen und knabbert bettelnd in der Luft herum.

„Immer noch Bert Humperdinck", brummelt Bert dicht hinter ihr.

„Ach Quatsch! Du doch nicht!", kichert Tabea. „Guck doch mal, wen wir hier haben!"

„Wo?", fragt Bert und drückt einen Zweig zur Seite. Das Pony brummelt freudig, als Tabea es streichelt.

Aufgeregt schieben sich die beiden Kinder sofort an den letzten sperrigen Ästen und Zweigen vorbei. Dornen und Brennnesseln sind jetzt Nebensache. Und dann sind sie auf der anderen Seite, was Tinker und Sunny mit einem eher entrüsteten Wiehern kommentieren. Doch bei all dem Lärm, den sie blätterraschelnd und fluchend gemacht haben, sind die beiden fremden Ponys auch geflüchtet. In sicherem Abstand stehen sie auf einer kahl gefressenen Wiese und beobachten ihre Besucher.

„Hallo“, sagt Bert noch einmal.

Als wäre das ihr Signal gewesen, traben die Islandponys sofort wieder auf ihn und Tabea zu. Staub wirbelt unter ihren Hufen auf. Ein drittes Pony ist ganz in ihrer Nähe neben dem Gebüsch stehen geblieben. Als die beiden anderen näher kommen, dreht es ihnen drohend das Hinterteil zu, sodass sie vorsichtig einen Bogen um es herum schlagen.

Was für ein Unterschied zwischen diesen beiden Wiesen! Als ob man vom Paradies in die Hölle kommt, schießt es Tabea durch den Kopf. Die Weide hier ist bis auf den letzten Halm abgenagt und dürr. Sogar die Zweige der Bäume und Hecken haben die Ponys angefressen, so weit sie hingekommen sind. Sie sind – bis auf das dritte – so mager, dass man auf ihren Rippen Klavier spielen könnte. Ihr Fell ist struppig und genauso glanzlos wie ihre großen, traurigen Augen. Tiefe, schmerzvolle Falten haben sie darüber. Die Hufe haben seit Monaten keinen Schmied mehr gesehen: voller Risse und Spalten, ausgebrochen und viel zu lang. Tabea ist heilfroh, dass es schon so dämmerig ist, dass sie nicht alles sehen können, was da noch ist.

„Oh Gott“, stöhnt Bert noch einmal. „Wer tut denn so was?“

Tabea kann nichts sagen. Ihre Unterlippe und das gesamte Kinn zittern vor Wut. „Jetzt sind wir ja da. Alles wird gut“, presst sie hervor und streichelt das Pony, das hungrig an ihren Taschen schnüffelt und herumknabbert. „Was machen wir denn nur mit euch?“, flüstert sie mit erstickter Stimme.

Bert hat seine Fäuste geballt. „Als Erstes seh ich mal nach, ob sie wenigstens Wasser haben. Es hat seit Tagen nicht mehr geregnet“, schnaubt er.

„So ein Mist, dass Petersen schon weg ist. Den könnten wir jetzt gut gebrauchen“, murmelt Tabea, während sie in ihren Taschen nach Leckerlis wühlt. Sie hat gerade noch drei Stück. Hungrig nehmen sie ihr die Ponys von der Handfläche. Aber satt macht so ein Häppchen ja nun wirklich nicht. Bestürzt überlegt Tabea. „Ich hol' den dreien was zu fressen“, ruft sie Bert zu und kämpft sich zurück durch die Hecke. Sunny und Tinker sehen sie erstaunt an, als sie keines Blickes gewürdigt werden und Tabea im Eiltempo an ihnen vorbeirennt. Sunny trabt eine Weile neben ihr her. Aber als sie weder Beachtung noch ein Leckerli bekommt, bleibt sie stehen und frisst weiter.

Tabea leert im letzten Tageslicht den Picknickkorb aus und füllt das komplette Obst hinein: Immerhin sechs Äpfel und drei Bananen. Verzweifelt sieht sie sich um. Und was noch? Davon werden doch drei halb verhungerte Islandponys nicht satt! Schließlich läuft sie in den Schuppen und schneidet einen Heuballen auf. Er zerfällt in sechs Scheiben. Zwei davon kann sie sich unter die Arme klemmen und eine dritte oben auf den Picknickkorb legen. So bepackt rennt sie den ganzen Weg wieder zurück. „Du nicht, Sunny. Weg da!“, schimpft sie mit der kleinen weißgrünen Stute, die neugierig auf sie zukommt und an den Heuhalmen zupft. Beleidigt lässt sie sich wegscheuchen und wendet sich wieder dem Gras zu. Manchmal sind diese Menschen echte Spaßbremsen.

4. Kapitel

in dem Bert und Tabea echte Tierlebensretter werden, ein technisches Problem haben und darum auch noch allein Geburtshilfe leisten müssen

„Wasser haben sie zumindest. Sieht sogar frisch aus. Der Trog war noch halb voll. Ich hab aber einen Kanister dazugekippt.“ Bert zeigt auf einen großen schwarzen Bottich, der neben einem Offenstall-Schuppen aufgestellt ist. Tabea erkennt im Halbdunkel vier Kanister daneben.

„Lass uns noch mal Heu holen. Die haben offenbar seit Tagen nichts mehr gefressen“, sagt sie bestürzt. Die Äpfel und die drei Scheiben Heu, die sie den Ponys hingeworfen hat, sind bereits ratzekahl aufgefressen.

Bert zögert. „Warte mal. Ich hab irgendwo gelesen, dass man nicht so viel auf einmal geben soll, wenn jemand länger nichts gegessen hat. Das ging da zwar um Menschen, aber es gilt bestimmt für Pferde genauso. Nicht, dass sie am Ende noch eine Kolik bekommen.“

Tabea seufzt. „Wahrscheinlich hast du Recht ...

Haben wir eigentlich eine Taschenlampe dabei?" Es wird immer dunkler. Bald sieht man nicht mal mehr die Hand vor den Augen.

„Klar!" Berts sorgenvolle Miene hellt sich für einen Moment auf.

Eins der Islandponys, ein Falbe, stupst Tabea mit der Nase an.

„Wollen wir ihnen nicht doch noch ... wenigstens eine Scheibe?", fragt Tabea.

„Überredet", antwortet Bert. „Das wird schon nicht zu viel sein."

Und so schleppen sie gemeinsam den bereits angebrochenen und einen weiteren ganzen Heuballen zu der dichten Hecke, die beide Wiesen voneinander trennt. Sunny und Tinker haben es aufgegeben, mitspielen zu wollen. Sie stehen mit gesenktem Kopf und abgewinkeltem Hinterbein dösend in der Nähe. Der Tag war anstrengend. Auch Tabea unterdrückt verstohlen ein Gähnen. Bei aller Aufregung und Tierliebe sehnt sie sich jetzt doch nach ihrem Schlafsack.

„Ich mach mir vor allem Sorgen um die schwarze Stute hier."

Berts leise Worte reißen Tabea aus ihren Gedanken. Sie folgt seinem Blick. Das Pferdchen steht mit hängendem Kopf ein wenig abseits von dem Falben und dem Fuchs. Von der zweiten Scheibe Heu hat sie kaum gefressen. Die beiden Wallache dagegen fressen um die Wette. Ab und zu dreht sich die Stute zu ihrer Flanke um, als ob sie da etwas verscheuchen wolle. Dann durchläuft ein Zittern ihren aufgedunsenen Bauch, und sie stöhnt. Tabea beißt sich auf die Unterlippe. Das Pferd hat offensichtlich Schmerzen, und sie denkt nur ans Schlafen.

Bert geht einen Schritt näher auf die Stute zu. Teilnahmslos lässt sie sich seine Berührungen gefallen. „Sie ist ganz heiß“, kommentiert Bert. „Und der Bauch ist total hart.“

Tabea denkt an seine Worte von vorhin. „Ob die eine Scheibe Heu schon zu viel war?“, fragt sie ängstlich.

Bert schüttelt den Kopf und fasst der Stute unter den Bauch ans Euter. „Nö!“, sagt er, als er sich mit rotem Kopf wieder aufrichtet. Er leuchtet beinahe in der Dunkelheit. „Ich glaub, sie kriegt ein Fohlen.“

„Ein was? Hier? Jetzt?“, fragt Tabea entsetzt. „Das geht doch aber nicht. Wen sollen wir denn anrufen? Sie muss bis morgen warten, wenn Bauer Petersen kommt. Der kennt sich bestimmt mit so was aus. Das kann sie doch nicht machen. Also, nicht jetzt ...“

„Nun hol mal tief Luft und entspann dich!“,

sagt Bert in neunmalklugem Tonfall. „Wie willst du das denn ändern, hä?“

Tabea schnaubt. Was soll sie darauf sagen? „Ich will nach Hause!“

„Ja, das kannst du wohl knicken!“, sagt Bert scharf. Jetzt hat er aber die Nase voll. „Siehst du hier irgendwo ’nen Schalter, mit dem man auf AUS stellen kann? Ich nicht! Und wir sind die Einzigen, die hier sind. Also müssen wir wohl helfen, oder nicht?“

„Ja, natürlich“, schnüffelt Tabea weinerlich. „Aber es ist dunkel, und die Ponys tun mir so schrecklich Leid, und ich war noch nie so richtig bei einer Geburt dabei. Und schon gar nicht alleine bei einem Pferd. Ich weiß doch gar nicht, was ich tun soll!“

„Ja, meinst du, ich etwa?“ Bert bemüht sich, weniger heftig zu fauchen. Aber er ist sauer und mindestens ebenso nervös wie Tabea.

„Können wir nicht einen Tierarzt rufen? Wir haben doch das Handy!“, schlägt Tabea vor.

Bert druckst auf einmal herum und wird rot. Das kann sie sogar im Dunkeln sehen. „Nööö“, kommt es ganz gedehnt von der anderen Seite des Ponys, wo er sich auf einmal ganz dringend zu schaffen machen muss.

„Und wieso?“, fragt Tabea alarmiert.

„Weil ... weil ... weil ich den Akku wohl nicht richtig aufgeladen habe, und jetzt ist er leer", gibt er schließlich kleinlaut zu. „Hab ich vorhin beim Auspacken gesehen. Aber ich wollte dich nicht beunruhigen."

„Das glaub ich nicht", entfährt es Tabea etwas lauter als beabsichtigt. „Mich nicht beunruhigen. So ein Blödsinn! Mann!"

Das Pony legt die Ohren an. Abwesend streicht sie ihm über den Hals. Es beruhigt sich wieder. Aber Tabea ist nicht ruhig. „Und wenn uns jetzt etwas zustößt?"

„Wird schon nicht", antwortet Bert. „Was soll ich denn machen? Passiert ist passiert."

„Leider", schnaubt Tabea. „Lieber Doktor Winter", fängt sie dann vorwurfsvoll an. Aber als sie Berts Blick sieht, bremst sie sich. „Männer und Technik", kann sie sich aber doch nicht verkneifen.

Immerhin scheint die Stute es sich überlegt zu haben. Sie geht ein paar zögernde Schritte zum Wassertrog, säuft – und als sie zurückkehrt, scheucht sie die Wallache mit angelegten Ohren fort. Die hatten sich bereits über das von ihr verschmähte Heu hergemacht. Doch jetzt scheint sie ihren Appetit wieder gefunden zu haben.

Bert und Tabea setzen sich noch eine Weile zu

ihr ins Gras, damit sie in Ruhe fressen kann. Aber das Zittern hat aufgehört, und sie schwitzt auch nicht mehr.

„Und was machen wir jetzt?“, fragt Tabea nach einer Weile zögernd. Sie will sich nicht wieder von Bert anschnauzen lassen.

Trotz des schwachen Mondlichtes kann sie allerdings erkennen, dass Bert ebenfalls mit dem Schlaf kämpft. Ihm fallen fast die Augen unter den langen roten Wimpern zu.

„Du hast wohl Recht“, gibt er nach einer Weile flüsternd zu. „Wir können im Moment eh nichts tun, als auf den Morgen warten. Und das können wir auch drüben bei uns.“

Also klettern sie zurück durch die Hecke und stolpern durch das kniehohe Gras.

„Wir könnten die Ponys doch auch einfach hier rüberholen“, meint Tabea schlaftrunken, als sie sich im Schein von Berts Taschenlampe in ihren Schlafsack wühlt. Zähneputzen fällt heute Abend aus. „Irgendwo muss es ja auch ein Gatter geben und einen normalen Weg zu dieser Weide. Hier könnten sie sich satt fressen.“

„Und ’ne ordentliche Hufrehe oder Kolik oder was weiß ich kriegen“, brummelt Bert. „Nein, Tabea. Das geht leider nicht. Die müssen sich erst langsam wieder ans Fressen gewöhnen.

Glaub mir doch. Sonst werden sie noch viel kränker. Und jetzt schlaf gut!"

„Ach so", antwortet Tabea. Stimmt, das hat er ja vorhin schon erklärt. Und dass Pferde sich langsam ans Gras-Fressen gewöhnen müssen, jeden Frühling wieder, das weiß sie eigentlich selber. „Ich krieg bestimmt kein Auge zu", sagt Tabea. Da hört sie Bert bereits rasseln. Der schnarcht ja, denkt sie noch, und dann fällt auch sie in einen schweren, traumlosen Schlaf.

Am nächsten Morgen wacht Tabea nahezu zeitgleich mit Bert auf. Im ersten Moment weiß sie gar nicht, wo sie ist. Doch dann hört sie draußen die Pferde rascheln, und alles ist wieder da: der Ritt, die Ponys auf der Nachbarweide, die schwitzende, aufgedunsene Stute – die trächtige Stute!

„Ob sie ihr Fohlen schon hat?", fragt Tabea aufgeregt und schnellt hoch.

„Guten Morgen heißt das", beschwert sich Bert und streckt sich. „Gehen wir doch gleich mal nachschauen", sagt er dann grinsend, als er Tabeas schuldbewusstes Gesicht sieht.

„Aber erst Zähne putzen", beschließt Tabea. Sie hat so ein Gefühl, dass das sonst nichts mehr wird. Wer weiß, was für Aufregung sie gleich erwartet, wenn sie alles bei Tageslicht sehen. Mit ein bisschen altem Brot bewaffnet, machen sie sich nach der Katzenwäsche auf den Weg.

„Frühstücken können wir später.“ Das ist ein fairer Kompromiss zum Zähneputzen, findet Bert.

Tabea schenkt ihm einen vernichtenden Seitenblick und beschwert sich bei Doktor Winter: „Bitte erinnern Sie mich daran, einen gewissen Bert Humperdinck eines Tages nicht zu bedauern, falls ihm die Zähne ausfallen, weil er sie nicht freiwillig putzt und ihnen nichts zu beißen gibt!“, sagt sie laut.

„Das ist unfair!“, mault Bert. „Ich finde nur, dass wir im Vergleich zu den Ponys da drüben gut und gern noch ein bisschen mit dem Essen warten können und dass wir mit Waschen und Zähneputzen schon genug Zeit vertrödelt haben!“

„Vertrödelt“, brummelt Tabea. Aber dann läuft sie Bert über die Wiese hinterher.

Sunny und Tinker sind ziemlich erstaunt, dass jeder nur ein Leckerli und ein paar hastige Streicheleinheiten im Vorübergehen bekommt. Neugierig trotten sie den Kindern bis zu den dichten Büschen nach.

5. Kapitel

in dem Bert und Tabea einen neuen Erdenbürger begrüßen und erfahren, dass Darmpech ein Glück ist und Bauer Petersen auch Stuten melken kann

Tabea lässt vor Überraschung fast das ganze Heu fallen, das sie sich auf die Arme geladen hat. Neben der Stute liegt ein feuchtes Fellbündel. „Das Fohlen ist da“, kreischt sie aufgeregt.

„Ist ja gut, ich bin direkt hinter dir. Ich seh’s auch“, erwidert Bert leise. Zögernd gehen sie näher. Die beiden Wallache kommen hungrig auf sie zugetrabt. Abwesend teilen sie ihnen ihre Heuration zu.

„Das ist bestimmt noch keine Stunde alt“, meint Tabea. „Bist du süß!“

„Sieht nicht so aus, als hätte es schon gestanden“, flüstert Bert ihr zu.

„Ja, aber ist es nicht süß?“, wiederholt Tabea mit glänzenden Augen.

„Jaja“, sagt Bert drängend. „Aber wenn es noch nicht gestanden hat, hat es auch noch nicht getrunken.“

Tabea runzelt die Stirn. „Und die Mutter scheint es auch nicht abgeleckt zu haben“, unterbricht sie ihn nun ernst und nachdenklich. „Weißt du noch, als Daylight bei uns auf dem Käuzchenhof gefohlt hat? Das war alles ganz anders. Das Fohlen war trockengeleckt, stand gleich auf und hat das Euter gesucht.“

Die beiden beobachten die Stute, die sich sofort auf das Heu gestürzt hat, das Tabea und Bert ihr gebracht haben. Das Fohlen würdigt sie mit keinem Blick.

„Und was machen wir jetzt?“ Tabea zuckt ratlos mit den Schultern. „Ich glaub, das ist schlimm, wenn die Stute das Fohlen nicht annimmt. Wir müssen irgendwas tun. Ich hol Stroh zum Abrubbeln. Dann ist es wenigstens schon mal trocken.“

„Gute Idee.“ Bert nickt. „Und dann müssen wir zusehen, dass wir Hilfe bekommen.“

Das Fohlen sieht sie mit großen Augen an. Aber es macht keine Anstalten aufzustehen. „Na komm, Kleiner. Versuch’s mal“, lockt Bert und geht einen Schritt auf das Fohlen zu. Es wackelt mit dem riesengroßen Kopf und bewegt die Beine. Aber es scheint keine Kraft zu haben. Seine Nasenlöcher sind mit Schleim verklebt. Bert zieht die Nase kraus. „Ieeh“, sagt er leise. So leise, dass es auch das Fohlen hoffentlich nicht hört. Dann findet er in seinen ausgebeulten Hosentaschen tatsächlich neben einem Stück Schnur, Leckerlis, einer Sicherheitsnadel und seinem Taschenmesser ein zerknülltes Taschentuch. „Ist aber sauber, ehrlich“, verspricht er dem Fohlen und kniet sich daneben. Ganz behutsam reinigt er ihm damit die Nüstern. Das Fohlen sieht ihn ängstlich an, lässt sich die Prozedur aber gefallen. „Na, besser?“, fragt er, nachdem er fertig ist. „Du bist vielleicht ’ne Rabenmutter! So ein schönes Baby, und du kümmerst dich nicht darum!“, schimpft er dann mit der Stute, die gierig das Heu in sich hineinschlingt. Gelangweilt vertreibt sie ein paar Fliegen mit dem Schweif.

Endlich hört er Tabea wiederkommen. Im Gebüsch raschelt es kräftig. „Hier entlang!“, hört er sie rufen. Da ist also noch jemand. Und tatsächlich, als die Zweige auseinander geschoben werden, erkennt er hinter Tabea die große Gestalt von Bauer Petersen.

„Moin.“ Der Landwirt begrüßt Bert mit einem Kopfnicken. „Na, was haben wir denn da?“, sagt er beschwichtigend und schaut sich um. Bert sieht, wie seine Faust sich ballt, als sein Blick die abgemagerten Pferdeleiber streift.

An dem Fohlen bleibt er hängen. „So, und deine Mama hat keine Milch für dich?“, stellt er mit weicher Stimme fest.

Tabea schüttelt den Kopf und reicht Bert die Hälfte des Strohs. Zusammen machen sie sich daran, das Fohlen damit vorsichtig abzureiben.

„Aber ganz vorsichtig um die Nabelschnur herum!“, mahnt der Landwirt und zeigt auf den Bauch des Fohlens, wo ein gut zehn Zentimeter langes, schnurartiges Gebilde herabhängt. „Das müssen wir zu Hause erst mal desinfizieren.“ Dann hebt er den Schweif der Stute an und bückt sich zu ihrem Euter. „Ganz ruhig, Freya.“ Mit geübtem Blick kontrolliert er, ob bei ihr alles in Ordnung ist. „Scheint die Geburt ganz gut überstanden zu haben“, meint er dann und kniet sich neben die Kinder. „Sie hat sogar ein bisschen Milch. Und das ist gut. Der Kleine braucht dringend Biestmilch. Sonst hat er keine Chance.“

„Biestmilch?“, fragt Tabea. Das klingt ziemlich seltsam.

„So nennt man die erste Milch, die im Euter der Mutterstute ist. In ihr steckt alles Lebensnotwendige, was der kleine Kerl hier zum Überleben braucht. Die Biestmilch ist eine richtige Schluckimpfung. Aber wenn er nicht innerhalb der ersten achtzehn Stunden einen guten Liter davon säuft, ist es zu spät."

„Dann verhungert er?", fragt Tabea und schluckt trocken.

Bauer Petersen schüttelt den Kopf. „Dann schließen sich die Darmzotten bei unserm Fohlen hier, und es kann die Antikörper nicht mehr aufnehmen", erklärt er weiter. „Aber schließlich steht damit sein Überleben genauso auf der Kippe."

„Sie wissen aber viel", staunt Bert.

„Das bringt der Beruf so mit sich", erwidert Petersen und lächelt. „So, dann wollen wir mal sehen, dass unser kleiner Held hier zu seinem Recht kommt." Damit fasst er das Fohlen um Brust und Hinterbeine und hilft ihm aufzustehen.

Auf sehr wackeligen Hufen versucht es, das Gleichgewicht zu halten.

„Geht doch, gut gemacht", lobt Bert. Er hat vor Aufregung ganz rote Ohren. Erst jetzt, wo das Kleine trockengerubbelt ist, kann man seine Fellfarbe erkennen. Es ist ein weiches Rostrot, ein kleiner Fuchs mit etwas hellerer Mähne und Schweif. Wie auf Kommando hebt die kleine Stute die Schweifrübe an und setzt ein Häufchen zähen, dunklen Kot ab.

Tabea und Bert rümpfen die Nase. Der Bauer grinst. „Das ist doch schon mal ein Anfang", meint er und erklärt den Kindern: „Darmpech. Das hat sich gebildet, da war unsere kleine Freundin hier noch im Mutterleib. Verstopfung hat sie also schon mal nicht."

Holprig stakst das Fohlen auf die Stute zu und versucht, an ihrem Ellbogen zu nuckeln. Ungeduldig stampft Freya auf. Sie würdigt ihren Nachwuchs immer noch keines Blickes, sondern ist ausschließlich mit dem Heu beschäftigt.

„Falsches Ende, Kerlchen", schmunzelt Petersen und dirigiert das Fohlen vorsichtig zu den Hinterbeinen der Stute. Doch die legt gleich die Ohren an und hebt drohend einen Huf.

Der Bauer atmet hörbar aus und sieht sich suchend um. Sein Blick fällt auf eines der Strohbänder, die Tabea an die Wand des halb verfallenen Schuppens gehängt hat. Er nimmt es und knüpft daraus mit flinken Fingern eine Art Nothalfter.

„So, jetzt noch mal", sagt er und stülpt der Stute das Halfter über. „Könnt ihr sie hier vorn mal halten?", bittet er die Kinder. „Dann versuche ich, das Fohlen anzulegen."

Tabea und Bert tun, wie ihnen geheißen. Aber sobald das Fohlen auch nur in die Nähe des

Euters kommt, schüttelt Freya wild mit dem Kopf und versucht um sich zu treten, sodass alle drei loslassen müssen.

„Keine Chance“, murmelt Petersen. „Gibt’s hier irgendwo einen Eimer oder ein anderes Gefäß?“, erkundigt er sich.

Tabea schüttelt den Kopf. Dann hellt sich ihre Miene auf. „Aber wir haben eine Thermoskanne mitgebracht. Da passt ein Liter rein.“

„Na, dann hol sie mal!“, sagt der Landwirt. „Ich komm mit. Und du passt auf die Kleine hier auf, dass sie von ihrer Mutter nicht doch noch eine gefegt bekommt, bis wir wieder hier sind!“, befiehlt er Bert. Der nickt schweigend. Er hat bisher noch gar keine Zeit gehabt, darauf zu achten, ob es eine Stute oder ein kleiner Hengst ist. Und Sorgen machen, dass es seiner Mutter zu nah kommen könnte, muss er sich auch nicht. Das Fohlen scheint ganz irritiert und macht keine Anstalten, sich noch einmal in die Nähe zu wagen. Stattdessen versucht es, Milch aus Berts Zeigefinger zu nuckeln.

Als Tabea und Petersen wiederkommen, haben sie nicht nur die Thermoskanne, sondern auch einen Gummihandschuh und ein Halfter mit Strick dabei. Während Bert auf seinen Wink die Stute aufhalftert, stülpt Petersen geschickt drei Gummifinger übereinander und beißt ein kleines Loch in die Spitze. Dann drückt er Tabea den provisorischen Nuckel in die Hand und spült die Kanne noch einmal in dem Wassertrog aus. Erstaunt beobachten Bert und Tabea, wie er die Stute mit einer Hand am Strick nimmt und mit der anderen fingerfertig anfängt, sie zu melken. Freya ist offenbar viel zu überrumpelt, um sich zu wehren. Nach ein paar Sekunden stöhnt sie erleichtert. „Ja, da war wohl ganz schön Druck“, meint der Bauer.

Schließlich richtet er sich mit der vollen Kanne auf, stülpt den Nuckel darauf und nickt den Kindern zu. „So, dann versuchen wir mal unser Glück als Ersatzmütter, was?“

Fasziniert sehen Bert und Tabea zu, wie der kleine Fuchs gierig an dem Handschuh saugt und Zug um Zug die Thermoskanne leert.

Zufrieden sieht der Bauer auf und tätschelt dem Fohlen den Hals. „Das war schon mal ein Riesenschritt. Und jetzt bringen wir die beiden nach Hause.“

6. Kapitel

in dem Laika ihren Namen bekommt, Bert und Tabea eine alte Bekannte wieder treffen und erfahren, wie kostbar Stutenmilch ist

Sunny und Tinker beobachten irritiert, wie Bert und Tabea mit fliegenden Fingern ihre Sachen in die Rucksäcke und Satteltaschen stopfen und in dem kleinen Schuppen aufräumen, in dem sie geschlafen haben. Bauer Petersen ist losgefahren, um den Tierarzt und einen Pferdetransporter zu holen. Damit wollen sie die Mutterstute und ihr Fohlen auf seinen Hof bringen, wo er sich besser um sie kümmern kann. Die beiden Islandwallache können wohl auf der Weide bleiben, wenn mit ihnen so weit alles in Ordnung ist.

Tabea hat Sunny gerade den letzten Huf ausgeräumt und sauber gebürstet, als der Landwirt mit einem Anhänger und einem zweiten Wagen zurückkommt.

Bert grinst breit, als er sieht, wer aus dem silberfarbenen Kombi steigt. „Morgen, Doktor

Bredenbeck“, begrüßt er die kräftig gebaute Frau.

„Oh, hallo, Bert! Was machst du denn hier?“, fragt die Tierärztin und lacht. „Das hätte ich mir ja fast denken können, oder? Wenn Tiere in Not sind, können Bert und Tabea nicht weit sein!“

„Wir können gar nichts dafür“, verteidigt sich Tabea und streckt der Tierärztin die Hand zur Begrüßung hin. „Wir wollten einfach nur einen kleinen Ausritt machen.“

„Das seh ich“, antwortet Frau Bredenbeck schmunzelnd.

„Und schon seid ihr von lauter vierbeinigen Patienten umgeben. Wo sind die denn?“ Suchend blickt sie sich um. „Eure beiden hier sind ja anscheinend fit wie ein Turnschuh!“

Sunny knabbert bereits an Frau Bredenbecks Untersuchungskoffer herum, und Tinker beschnüffelt neugierig das Stethoskop, das der Tierärztin seitlich aus der Kitteltasche hängt.

„Auf der Nachbarweide“, erklärt Petersen. Bert zeigt in Richtung des dichten Gestrüpps, durch das sie bisher immer geklettert sind. Die Tierärztin runzelt die Stirn.

„Es gibt durchaus einen anderen Weg“, sagt der Landwirt und geht voraus, außen um die Wiese herum.

Bert brummelt in sich hinein. „Das hätten wir auch leichter haben können. Die ganze Zeit. Aber nein, wir müssen durch die Dornen klettern."

Tabea grinst nur und stellt sich vor, wie sie ihre Handfläche in die Hand von Doktor Winter schlägt. „Gib mir fünf!", flüstert sie.

„Was?", fragt Bert.

„Nichts." Tabea schüttelt unschuldig den Kopf. Sie hat es ja die ganze Zeit geahnt. Jede Weide hat ein vernünftiges Tor. Aber wenn sie das Bert erzählt hätte, wären sie höchstens in den schönsten Streit geraten.

Dann sind sie auch schon angekommen. Petersen reicht ihnen Halfter und Strick, und jeder schnappt sich ein Pony, um es damit auszustatten. So kann die Tierärztin besser arbeiten. Die wirft als Erstes einen kurzen Blick in die Runde der dreieinhalb Islandpferde und geht dann mit forschem Schritt auf die Mutterstute und das Fohlen zu. „Soso, Freya! Du willst also deine Lütte hier nicht trinken lassen, wie?"

Die Stute verdreht ängstlich die Augen und schnaubt, als die Tierärztin sich ihr nähert. „Ganz ruhig, mein Mädchen. Niemand hier tut dir was", sagt Frau Bredenbeck und tastet sich mit streichelnder Hand zum Euter vor. Bauer

Petersen hält die Stute am Halfter. Das Fohlen kommt neugierig näher. „Tja. Organisch ist alles in Ordnung“, sagt sie nachdenklich, als sie sich wieder aufrichtet. „Fast ein Wunder bei der Unterernährung.“ Sie zeigt auf die vorstehenden Rippen der Stute. „Der Puls ist ein bisschen schwach, aber das ist nicht weiter bedenklich. Wollen wir es noch mal versuchen?“

Petersen zuckt mit den Achseln. „Von mir aus.“ Er hält die Stute fest am Halfter und streichelt sie unter der Stirnlocke. Die Tierärztin lockt das Fohlen zu sich heran und schiebt es sanft in Richtung Euter. Aber sobald es nah genug ist, um trinken zu können, tänzelt die Stute wie wild herum und versucht wieder und wieder, nach dem Störenfried auszukeilen.

„Keine Chance“, meint nun auch die Tierärztin und wischt sich den Schweiß von der Stirn. Das Fohlen wiehert. „Arme Kleine“, sagt sie bekümmert. „Wie heißt du denn überhaupt?“

Bert und Tabea sehen sich an. An einen Namen haben sie in all der Aufregung nun überhaupt nicht gedacht.

„Wie wärs mit Laika?“, schlägt Petersen vor. „Ich hatte mal ’ne Kaltblutstute als Junge. Also, gehörte natürlich meinem Vater. Die ging noch vor dem Pflug bei uns. So ein wunderbares

Pferd hatten wir nie wieder. Stark wie ein Löwe und dabei gutmütig wie ein Lamm." Seine Stimme bekommt einen schwärmerischen Klang, als er sich erinnert und dabei in die Ferne blickt. Verlegen schaut er dann in die Runde. Der Stute scheint es sowieso ziemlich egal zu sein, was mit ihrem Nachwuchs wird und wie er heißt. Sie hat sofort wieder angefangen, Heu zu fressen, als das Fohlen Abstand zu den gefährlichen Hinterbeinen gesucht hat.

Bert überlegt noch. Tabea hatte eigentlich etwas wie „Feenkind" oder irgendwas Nordisches vorgeschwebt. Flicka zum Beispiel, wo doch die Mutter Freya heißt und auch mit „F" anfängt. Soweit sie weiß, ist „Flicka" Schwedisch und bedeutet Mädchen. „Laika", sagt sie und lässt sich den Namen langsam auf der Zunge zergehen. „Laika. Doch – klingt gut!", beschließt sie dann.

Petersen nickt. Damit wäre das also beschlossen.

„Also Laika", sagt Frau Bredenbeck und legt dem Fohlen geschickt ein Miniaturhalfter um, bevor es auch nur die leiseste Chance hat zu entfliehen.

Sie untersucht es gründlich. „Es ist ein großes Glück, dass ihr es geschafft habt, ihm von der Biestmilch einzuflößen", lobt sie dann. „Das ist das allergrößte Problem bei der Fohlenaufzucht, wenn die Mutter gestorben ist oder das Fohlen nicht annimmt."

„Hat uns Herr Petersen schon erklärt", sagt Bert stolz. „Wegen der Abwehrkräfte und Antikörper."

„Genau. Tja. Und jetzt müssen wir uns Gedanken darüber machen, wie es mit der Kleinen weitergeht. Die braucht jetzt mindestens jede zweite Stunde ihre Milch. Entweder die Mutter wird regelmäßig gemolken, oder man muss Kunstmilch geben. In Wittorf kennen sie sich damit hervorragend aus."

„Wittorf?", fragt Tabea.

„Da gibt es eine Fohlenaufzuchtstation für genau solche Fälle wie unsere kleine Laika. Herr Voss und seine Mitarbeiter haben dort den einzigen Fohlennotdienst in ganz Europa. Dahin bringen sogar berühmte Züchter ihre Fohlen, wenn die Mutterstute stirbt. Dort dürfte Laika die besten Chancen haben."

Bert schluckt trocken. „Das klingt aber schweineteuer. Wer soll das denn bezahlen? Wir können doch nicht schon wieder ein Reiterfest organisieren, damit die Leute spenden!?"

„Das lasst mal die Sorge der Erwachsenen sein. Die Besitzerin ist ja wohl hoffentlich nicht spurlos verschwunden. Mit ihr müssen wir sowieso dringend Kontakt aufnehmen. Und außerdem kostet die Vollpension in Wittorf nicht mehr als eine ganz normale, durchschnittliche Boxenmiete“, erzählt Frau Doktor Bredenbeck weiter.

Tabea staunt. „Trotz all der Arbeit? Füttern und machen und tun?“

„Nur Milchpulver und Medikamente kosten extra. Aber wir bringen ja unsere eigene Amme mit“, schmunzelt die Tierärztin.

„Wenn das geht?“ Bert zieht die Augenbrauen hoch.

„Wären doch zwei Fliegen mit einer Klappe“, meint Frau Bredenbeck achselzuckend. „Und wenn unsere Madame hier schon mal pralle Euter hat, kommt vielleicht noch ein zweites Fohlen in den Genuss echter Muttermilch. Das ist ja das Schöne an der Natur: Das Angebot wächst bei steigender Nachfrage. Zumindest, was Muttermilch angeht. Und auch wenn es bestimmt nicht reichen wird, um ein zweites Fohlen vollständig zu ernähren, ein oder zwei Mahlzeiten extra fallen bestimmt ab.“

Tabea kommt aus dem Staunen gar nicht mehr heraus. „Und gerecht wär's auch.“ Finster sieht sie Laikas Mutter an. „Wenn du dein Kind nicht freiwillig saufen lässt ...“

„Wirst du auch noch Lebensretter für ein zweites, echtes Waisenkind!“ Irgendwie findet Bert den Gedanken ziemlich schön. „Vielleicht ist das ja so was wie Schicksal?“, murmelt er leise. Freya bläst ihm sanft aus weichen Nüstern ins Gesicht.

„So! Ich telefoniere dann mal und sage Bescheid, dass wir kommen“, verkündet die Tierärztin und macht sich auf den Weg zum Auto. „Dann seh ich mir die beiden Wallache an. Und ein Schmied müsste auch dringend mal her.“

7. Kapitel

in dem Tabea fast auf ihren Vater sauer wird, sie alle zusammen nach Wittorf fahren und ein verwaistes Eselfohlen namens Frieda kennen lernen

Bauer Petersen hat die Stute und ihr Fohlen innerhalb von zwei Minuten verladen und die Klappe hinter den Ponys geschlossen. So schnell möchte Tabea das auch mal können. Leider finden Sunny und Tinker das Betreten der Laderampe ziemlich unheimlich und lassen sich entsprechend Zeit dafür.

„Solltet ihr nicht auch mal irgendwo Bescheid sagen, dass ihr später kommt?", erkundigt sich Frau Bredenbeck, nachdem sie ihr Handy eingesteckt und ihre Arzttasche im Kombi verstaut hat. Mit den Wallachen, Hadur und Loki, ist so weit alles in Ordnung. Die Tierärztin hat ihnen und der Mutterstute ein paar Aufbauspritzen mit Mineralien und Vitaminen gegeben. Den Rest müssen sie sich selber wieder anfressen. „Ihr wollt doch mit nach Wittorf, oder nicht?"

Tabea sieht unschlüssig Bert an. Seine Augen leuchten. „Wir haben da nur ein Problem“, sagt sie und stößt ihn an.

„Ach ja“, sagt Bert und schielt verlegen auf seine Reitstiefelspitzen. „Unser Akku ist alle. Deswegen konnten wir doch auch gestern Abend keinen Tierarzt mehr rufen, also Sie ...“ Er linst Frau Doktor Bredenbeck schräg von unten durch seine Ponyfransen hindurch an.

„Na, ist ja auch so alles glatt gegangen“, sagt sie lächelnd und wuselt allen beiden durch die Haare. „Ihr könnt gern mein Mobiltelefon benutzen und zu Hause Bescheid sagen“, bietet sie an und holt das Handy wieder hervor.

„Ich würde lieber vom Festnetz aus telefonieren“, entgegnet Tabea schüchtern. „Das dauert bestimmt ein bisschen länger, alles zu erklären. Wenn ich das kurz bei Ihnen dürfte, Herr Petersen?“

Der Landwirt nickt verständnisvoll. „Kein Problem. Dann können wir ja los, oder? Also, alle Mann einsteigen!“

Da kommt plötzlich ein rotes Auto ziemlich schnell um die Ecke gefahren. Direkt vor ihnen, wo der Tierarztkombi, Bauer Petersens Auto und der Pferdeanhänger stehen, bremst der Fahrer scharf und steigt mit rotem Kopf aus.

„Papa!“, entfährt es Tabea überrascht, und dann wundert sie sich noch einmal. „Das ist doch gar nicht unser Auto?“

„Darüber reden wir gleich.“ Dirk Weiden winkt ab. „Erst mal möchte ich ganz gern wissen, was hier vorgeht und zu wem ihr beiden da einfach so ins Auto steigen wollt!“

„Alles in Ordnung, Herr Weiden. Kein Grund zur Sorge!“ Doktor Bredenbeck geht einen Schritt auf Tabeas Vater zu.

„Sie?“, fragt er erstaunt.

„Immer zur Stelle, wenn Ihre Kinder mich rufen“, erklärt die Tierärztin und lächelt. „Tabea und Bert waren mal wieder zur rechten Zeit am richtigen Ort und haben zusammen mit Herrn Petersen hier das Schlimmste verhindert.“

Erstaunt lässt sich Tabeas Vater die ganze Geschichte von den drei halb verhungerten Ponys erzählen. „… und jetzt müssen wir schleunigst Laika in die Fohlenaufzuchtstation nach Wittorf bringen“, schließt Tabea.

Ihr Vater nickt. „Soso. Und wieso habt ihr nicht angerufen?“

Bert hebt an: „Das ist meine Schuld. Der Akku …“

Aber Tabea unterbricht ihren Freund. „Du wärst doch sowieso nicht zu Hause gewesen, oder, Papa?“ Sie linst auf den Rücksitz des roten Wagens, mit dem ihr Vater unterwegs ist. Da liegt ein gebrauchter Schlafsack. Und unrasiert ist Dirk Weiden auch.

„Na ja.“ Er räuspert sich. „Wir wollten uns sicher sein, dass euch auch nichts passiert. Also bin ich euch nachgefahren und habe in der Nähe übernachtet. Nur für alle Fälle“, gesteht er.

„Papa!“, sagt Tabea entrüstet. Alle andern lachen. Aber es ist nicht böse gemeint.

„Tja, dann solltest du wohl mal in Otter anrufen und Bescheid sagen, dass ihr nicht kommt, oder?“, schlägt er vor.

„Erst mal zumindest.“ Tabea nickt und zwinkert Bert zu. Ihr Vater reicht ihr sein Mobiltelefon. „Lass mich raten. Die Nummer ist eingespeichert, oder?“ Es hat schon auch Vorteile, dass ihr Vater so ein Hypergenauer ist.

Und dann fahren sie alle gemeinsam los. Tabea und Bert im Auto ihres Vaters, Bauer Petersen mit der Stute und dem Fohlen und die Tierärztin hinterher. Falls sie unterwegs wegen eines Notfalls angepiepst wird, ist sie unabhängig.

Sunny und Tinker bleiben auf der Weide zurück. Ebenso Hadur und Loki drüben auf ihrer Wiese – mit einem Ballen Heu und frischen

Möhren und Äpfeln aus Bauer Petersens Gemüsegarten.

„Und was ist mit der Besitzerin? Kann man die nirgends erreichen? Oder diesen verantwortungslosen Menschen, der eigentlich die Tiere versorgen wollte?“, erkundigt sich Tabeas Vater während der Fahrt.

„Herr Petersen wollte sich drum kümmern“, erzählt Bert. „Aber in den USA ist ja so ’ne Zeitverschiebung, deswegen muss er bis heute Nachmittag mit dem Anrufen warten. Da ist jetzt mitten in der Nacht“, erklärt er.

„Und ich hab einen Zettel ans Gatter gehängt“, verkündet Tabea stolz.

„Hast du?“, fragt Bert baff.

„Ja. Mit der Telefonnummer von Papa. Und dass wir die Ponys versorgt und die Stute mitgenommen haben.“

„Gut gemacht“, lobt Tabeas Vater. Dann muss er sich auf den dichten Verkehr auf der Lüneburger Umgehungsstraße konzentrieren. Wittorf liegt ein gutes Stück hinter Bardowick. In dem kleinen Dorf mit dem gedrungenen Backsteindom hat Tabeas Vater auch mal in der Sparkasse gearbeitet. Und dann sind sie auch schon da. Nur, wo ist der Hof, den sie suchen?

„Ich frag mal“, verkündet Tabeas Vater kurzerhand, fährt an den Fahrbahnrand und kurbelt die Scheibe herunter.

Tabea verdreht die Augen. „Lieber Doktor Winter“, brummelt sie. „Wieso kann mein Vater niemals warten? Doktor Bredenbeck kennt den Weg doch – er müsste sich nur überholen lassen oder rechts ranfahren!“

Dirk Weiden tut, als hätte er nichts gehört. „Entschuldigung?“, wendet er sich an den nächstbesten Radfahrer. „Wo finden wir denn hier die Fohlenaufzuchtstation?“ Der Radfahrer steigt ab und kratzt sich am Kopf. Das scheinen hier irgendwie alle Erwachsenen zu tun, wenn sie nachdenken, stellt Tabea fest. Ob das beim Überlegen hilft, fragt sie im Stillen ihren Doktor Winter. Aber der enthält sich – wie üblich – einer Antwort.

„Hmmm“, überlegt der Mann immer noch. Dann hellt sich seine Miene auf. „Ach, Sie meinen unseren Vossibär?! Der wohnt gleich da drüben.“ Er zeigt auf einen großen Backsteinhof mit großen, grünen Scheunentoren auf der gegenüberliegenden Straßenseite.

„Vossibär?!“, grinst Bert in sich hinein. Wieso der wohl so genannt wird?

„Ja, da muss es sein“, ruft Tabea. „Danke schön!“ Auf dem Hof des Anwesens steht ein gelber Pferdeanhänger mit der Aufschrift „Fohlennotdienst Wittorf".

Da setzt Tabeas Vater auch schon den Blinker. Die Tierärztin folgt als Nächstes, und als drittes Fahrzeug fährt Petersen mit dem Pferdeanhänger auf den Hof.

Ein Mann mit wuscheligen feuerroten Haaren kommt aus dem Stall. Er sieht aus wie der Fozzybär aus der Muppetshow.

„Moin, Voss", begrüßt er die Ankömmlinge. Und da wissen Bert und Tabea, wie er zu seinem Spitznamen gekommen ist.

„Na, wen haben wir denn da?!", wendet er sich nach einer kurzen Begrüßung gleich in Richtung Pferdeanhänger. Er ist es gewöhnt, dass es schnell gehen muss. Frau Doktor Bredenbeck und Bauer Petersen lassen die Ladeklappe herunter.

Mit einem Seitenblick auf den Rotschopf von Herrn Voss stupst Tabea Bert an. „Wenn du groß bist, siehst du bestimmt genauso aus!", feixt sie.

Bert stupst zurück. „Und wenn schon. Dann hab ich auch so 'nen tollen Hof. Und du darfst mich vielleicht mal besuchen kommen."

Tabea streckt ihm die Zunge heraus. Dann haben sie keine Zeit mehr für Albernheiten, denn die Stute und das Fohlen werden ausgeladen.

Herr Voss lächelt. „Das ist ja mal 'ne Seltenheit, dass die Muttermilch frei Haus mitgeliefert wird. In den meisten Fällen haben wir es hier mit richtigen Waisenkindern zu tun", erklärt er. „Na, dann wollen wir mal." Er führt die Stute in eine geräumige Box. Das Fohlen folgt ihr schüchtern, woraufhin sie gleich wieder die Ohren anlegt. „Ne, komm du mal mit mir mit. Ich hab Spielgefährten für dich. Das ist sicherer." Mit geübtem Griff packt er Laika am Schopf und dirigiert sie zu einer Nachbarbox. Drei andere Fohlen äugen neugierig heraus, als er die Tür aufzieht und Laika hineinschiebt. Die vier beschnuppern sich vorsichtig und fangen an, sich zu beknabbern.

„Und dann wollen wir auch gleich mal füttern. Karin?", ruft er über den Hof. „Das ist unsere gute Seele", erklärt er. „Ohne sie wären wir wirklich aufgeschmissen. Sie hilft ehrenamtlich. Quasi rund um die Uhr, zusammen mit unserer Praktikantin. Die Fohlen fragen nicht nach Feierabend. Und dieses Frühjahr haben wir neunundvierzig aufgepäppelt. Eure Laika hier ist Nummer fünfzig!"

Eine kräftige Frau in milchbekleckerten Reitklamotten kommt über den Hof gelaufen. Tabea schätzt sie so in etwa auf das Alter ihrer Mutter.

„Karin Meyer", stellt Herr Voss sie vor und wendet sich an sie. „Unsere Neuzugänge. Laika und die Mutterstute hier. Kannst du gleich mal melken. Ich bin bei den Rindern."

Bert wundert sich. „Haben Sie hier auch Kuhwaisen?"

Frau Meyer lacht. „Nein, das fehlte noch. Aber eine ganz normale Rinderzucht und Milchproduktion. Von irgendwas müssen wir ja leben!"

„Praktisch", meint Tabea. „Dann ist immer genug Milch da für die Fohlen. Da hätten wir ja die Stute bei den Wallachen lassen können."

„Nein, nein. So einfach ist das leider nicht." Karin Meyer nimmt einen sauberen Eimer und geht zu der Stute in die Box, um sie zu melken. „Kuhmilch ist viel zu fettig und hat eine ganz andere Zusammensetzung als Stutenmilch. Allein schon was den Milchzuckergehalt angeht. Wir kaufen immer ganz spezielles Milchpulver, das wir dann anrühren. Und da gibt es auch nur einen Hersteller hier, bei dem ich mit der Qualität zufrieden bin."

Tabea sieht Frau Meyer an. Sie macht einen entschlossenen Eindruck, als ob sie wirklich genau weiß, was sie tut.

Die Frau fängt Tabeas Blick auf. „Wir haben

mittlerweile so viel Erfahrung, dass Züchter und sogar Tierärzte oder Pharma-Hersteller Vossi – also Herrn Voss – anrufen und um Rat fragen“, schmunzelt sie. „Neulich war ich selbst ein paar Tage in Wien eingeladen, um da vor Ort zu helfen. Es ist schön, wenn man etwas tun kann.“

Tabea nickt.

„Ist mein Liebling Frieda eigentlich noch da?“, erkundigt sich Frau Bredenbeck.

Karin Meyer nickt und grinst breit. „Unser aller Liebling. Wird nächste Woche abgeholt. Die hält uns alle hier ganz schön auf Trab.“

„Frieda?“, fragen Bert und Tabea wie aus einem Mund.

Karin Meyer kommt mit einem halb vollen Eimer Milch aus der Box. „Ja. Könnt ihr kennen lernen. Steht da draußen mit den anderen Fohlen.“

Sie zeigt die Stallgasse hinunter, wo das Tor offen steht und den Blick auf eine große Koppel voller spielender und dösender Fohlen freigibt.

„Und wie erkennen wir sie?“, fragt Tabea über die Schulter zurück. Bert ist schon losgelaufen.

„An den langen Ohren“, sagt Frau Bredenbeck geheimnisvoll.

Doch als sie an der Koppel angekommen sind, wissen die beiden plötzlich, wie sie das meint. Inmitten der Fohlenherde steht eine kleine Eselin und wedelt mit dem dünnen Schwänzchen, um Fliegen zu vertreiben.

8. Kapitel

in dem Bert und Tabea erfahren, warum die Fohlen aus Eimern saufen sollen und wieso man zur Fohlenaufzucht einen Blutspender braucht

„Das ist ja ein Esel“, sagt Bert verdutzt.

„So ähnlich haben wir alle reagiert“, gibt Frau Meyer schmunzelnd zu. „Und jetzt ist Frieda eine richtige Dorfberühmtheit. Das erste Eselkind, das wir aufziehen. Aber ich glaube, es ist uns gut gelungen. Wir haben von überall Rat und Tat geholt: Züchter, Eselparks, Zoos. Das war schon spannend. Oder hättet ihr gewusst, dass Eselkinder nicht nass werden dürfen?“

Alle schütteln den Kopf.

„Ihr Fell ist ganz anders als das von Pferden. Es saugt sich voll wie Wolle, statt den Regen abzuweisen. Wie oft wir schon losgerannt sind, wenn es zu tröpfeln anfing, um Frieda reinzuholen!“ Frau Meyer lacht.

Tabea hört fasziniert zu, während Frieda unbeirrt mit den anderen Fohlen herumtollt. Sie schlägt Haken wie ein Kaninchen und macht wildeste Bocksprünge. „Die spielen ja richtig Fangen miteinander! Wenn unsere Laika auch bald so quietschfidel und munter ist ... klasse!" Tabea strahlt. Sie hat ein gutes Gefühl: Hier ist Laika richtig aufgehoben.

„Wir tun unser Bestes", sagt Frau Meyer. „Aber man muss auch sehen, dass leider nicht alle Fohlen Glück haben. Der Tierarzt ist unser ständiger Gast. Es kommt immer wieder vor, dass die Fohlen zu wenig Abwehrkräfte haben und krank werden."

„Apropos", unterbricht die Tierärztin. „Wie geht es denn unserem Blutspender?"

„Blutspender?", fragt Bert interessiert.

„Das ist unser Wallach", erklärt Frau Meyer. „Wenn das Fohlen nicht genug Antikörper über die Biestmilch bekommt, erhält es durch eine Blutspende die nötigen Widerstandskräfte gegen alle möglichen Viren und Bakterien. Sonst wäre es schutzlos gegen jede Krankheit. Aber so hat es trotz allem noch gute Chancen, groß, gesund und stark zu werden."

„Das hab ich nicht gewusst", gibt Tabea zu.

„Mach dir nichts draus. Das wissen die wenigsten", winkt Frau Meyer ab. „Selbst manche Züchter staunen darüber. Ich rege mich viel eher darüber auf, wenn Leute hierher kommen und alle Fohlen einfach nur süüüß finden. Und dabei vergessen, dass auch ein Fohlen schon ganz schön viel Kraft und Temperament hat. Es braucht Grenzen, die ihm aufgezeigt werden müssen. Wenn es als Tierkind nicht erzogen und an viele Dinge gewöhnt wird, hat man es später schwer."

Bauer Petersen stimmt zu. „Das Problem kenn ich auch. Ein Hengstfohlen wird verhätschelt. Und wenn der Hengst groß ist, wird aus dem Spiel plötzlich ernst. Dann hat man es schwer."

„So, jetzt aber genug der erhobenen Zeigefinger", bestimmt Frau Meyer, als sie Tabeas und Berts ernste Gesichter sieht. „Jemand Lust auf selbst gemachte Limonade?"

Damit lädt sie alle in die Arbeitsküche des Hofes ein. „Hier ist alles ein bisschen schlichter als in der guten Stube. Aber dafür können wir hier auch ohne schlechtes Gewissen in Stallklamotten mal einen Kaffee trinken. Und den braucht man. Vor allem bei unseren Nachtdiensten."

„Das ist bestimmt tierisch anstrengend, oder? So rund um die Uhr?", fragt Bert. Er sitzt am Kopfende des langen Tisches und streichelt den kleinen Dackel von Frau Meyer.

„Vor allem so lange die Fohlen noch klein sind und immer wieder neue hinzukommen“, bestätigt sie. „Wir haben sieben Tage die Woche gut zu tun. Irgendwann kommt dann der Punkt, wo man mal fünfe grade sein lässt. Dann werden einen Tag lang mal nur die Tiere versorgt und die Ställe gemacht. Und der Hof bleibt ungefegt.“

Tabea sieht sie groß an.

„Doch – das ist dann schon purer Luxus“, bestätigt Frau Meyer nickend und nimmt einen großen Schluck Limonade. „Wir hatten hier auch schon die eine oder andere Praktikantin, die nach einer Woche wieder gefahren ist, weil das hier halt kein Vergnügungspark oder Streichelzoo ist.“

Bert schüttelt den Kopf. „Also ganz ehrlich. Ich find das supertoll, was Sie hier machen. Und gerade weil ich mir gut vorstellen kann, wie viel Arbeit da drin steckt. Ich glaub, ich könnte das nicht.“

„Ach weißt du“, Frau Meyer sieht ihn nachdenklich an. „Wenn du dann wieder in die Augen dieser Fohlen siehst, endlich eins zu trinken anfängt, das du schon fast aufgegeben hattest, oder das Fieber fällt bei einem kranken Tierchen. Das entschädigt für vieles.“

„Neunundvierzig Fohlen“, sagt Tabea leise. „Wahnsinn.“

„Fünfzig“, korrigiert Bert. „Mit Laika.“

„Alle Achtung“, sagt nun auch Tabeas Vater, der sich bisher zurückgehalten hat. „Und kann man irgendwie helfen?“

Frau Meyer lacht. „Ach, ein Lottogewinn wär gut!“

Nachdem sie sich den ganzen Hof angeschaut haben, verabschieden sich Bert und Tabea von Laika und Freya. Das Fohlen bekommt gerade noch einmal frisch gemolkene Milch. Gespannt beobachten sie, wie geschickt die Praktikantin Laika erst an ihrem Finger nuckeln lässt, dabei mit Hand und Fohlenkopf immer tiefer im Eimer verschwindet und dann so sacht den Finger aus dem Mäulchen zieht, dass Laika gar nicht merkt, dass sie nun selbstständig trinkt.

Sie schmatzt und schlürft, bis der Eimer leer ist. Als sie den Kopf hebt, hat sie einen richtigen Milchbart. Die ganze Pferdekinderschnute ist weiß verschmiert. Drei andere Fohlen, die mit Laika in der Box sind, schmiegen sich aufdringlich an ihre Pflegerin. „Nein, ihr seid erst in einer halben Stunde dran“, wehrt sie die Fohlenbande ab.

„Das wär schön, wenn Sunny auch ein Fohlen hätte“, schwärmt Tabea versonnen, als sie die Szene beobachtet.

„Oh, ich glaube, wir haben genug Tiere auf dem Käuzchenhof“, wendet ihr Vater ein. „Da wird mir deine Mutter wohl ausnahmsweise Recht geben. Ein Hund, eine Katze, eine Ziege und eine Heidschnucke, ein Meerschweinchen und ein Kaninchen, Hühner im Stall und Käuze unterm Dach ... und vier Pferde.“

Tabea grinst. Es klingt wirklich so, als hätten sie auf dem Käuzchenhof einen richtigen kleinen Privatzoo.

„Ist dir das noch nicht genug?“, fährt ihr Vater ungerührt fort. „Du hast doch gerade gehört, wie viel Arbeit da drin steckt, auch wenn das Fohlen eine Mutter hat. Und wie willst du dich um noch ein Pferd kümmern? Auch Fohlen werden groß!“

„Gott sei Dank!“, entfährt es der Praktikantin aus voller Überzeugung. Dann sieht sie die drei erschrocken an.

Tabea grinst. „Nee, ist schon klar!“ Und zu ihrem Vater sagt sie gespielt theatralisch: „Lieber Doktor Winter, wieso müssen Väter so oft Recht haben?“

„Ja, dann bleibt uns jetzt noch, die Besitzerin

der Ponys ausfindig zu machen, oder?", gibt Dirk Weiden statt einer Antwort zurück.

Bauer Petersen nickt. „Wenn Sie die Zeit noch haben, dann fahren sie mir einfach hinterher auf meinen Hof. Dann telefonieren wir mal ein bisschen herum."

„Ehrensache!", finden Bert und Tabea. Sunny und Tinker geht es bestimmt hervorragend auf der Weide. Die werden sie nicht vermissen bei all dem schönen Gras.

Doktor Bredenbeck muss sich verabschieden. Sie fährt zurück in ihre Praxis. Die Nachmittagssprechstunde kann nicht ohne sie anfangen.

9. Kapitel

in dem Tabea und Bert die Geschichte der Ponys erfahren und erkennen, dass sie sich zu früh ein Urteil über Besitzerin und Pfleger der Ponys gebildet haben

„Also, wie gesagt, die Besitzerin der Ponys ist in Amerika. Rebecca Färberich heißt sie. Sie macht ein Auslandssemester, das sie später für ihren Beruf braucht. Und für die Dauer ihrer Abwesenheit hat sie eine Freundin gebeten, sich um die Pferde zu kümmern."

Bauer Petersen schenkt Tabeas Vater noch Kaffee nach und streckt wohlig ächzend die Beine unterm Küchentisch aus. Hier sitzen sie nun alle und überlegen, was zu tun ist.

Der Landwirt, der Rebecca in den Wintermonaten immer mit Heu und Stroh versorgt, hat ihre Telefonnummer in den Staaten. Aber bis es dort acht Uhr morgens ist, müssen sie noch eine halbe Stunde warten.

Bert ist fasziniert von der antiken Kuckucksuhr, die über dem Sideboard hängt und alle Viertelstunde einen tiefen Gong von sich gibt.

Tabea grinst in sich hinein. Er hat denselben verzückten Gesichtsausdruck wie Tschucki, wenn sie darauf wartet, dass ein Vogel den Kopf aus einem Nest streckt, an das sie nicht herankommt. Also hat die Situation tatsächlich eine gewisse Ähnlichkeit.

Eine Weile hängt jeder seinen Gedanken nach. Schließlich bricht der Bauer das Schweigen. „Ich mache mir Vorwürfe", gesteht er. „Ich hätte öfter nach dem Rechten sehen müssen. Aber in den vergangenen Wochen war hier der Teufel los auf dem Hof. Heuernte, Strohernte, dann müssen die Felder schnell umgepflügt werden, damit man noch Winterweizen säen kann. Da kommt man zu gar nichts außer einem flüchtigen Blick. Und bis vor zwei Wochen sah alles wunderbar aus. Ich verstehe nicht, was da passiert ist."

„Scheint so, als wäre jemand einfach in die Ferien gefahren oder hat plötzlich keine Lust mehr gehabt, sich zu kümmern." Bert ballt die Fäuste, als er das sagt.

„Darüber kann ich mich sooo aufregen", stimmt Tabea ein und rührt wild in ihrer heißen Schokolade.

„Nun macht mal halblang", meint ihr Vater bedächtig. „Wir kennen die Umstände gar nicht. Vielleicht ist alles ganz anders, als wir im Moment denken."

„Ach, was soll denn da groß passiert sein", nölt Tabea und rührt weiter.

Bert sieht zur Uhr. Die Zeit scheint stillzustehen. Unendlich langsam rückt der messingfarbene Zeiger der alten Uhr weiter. Minute für Minute schleicht dahin.

„Können wir jetzt endlich?", drängelt schließlich auch Tabea.

„Ach, was soll's", brummt Petersen schließlich und zieht die Schnur mit dem alten Tastentelefon zu sich heran. Umständlich setzt er seine Lesebrille auf und wählt die Nummer, die auf einem kleinen Zettel handschriftlich notiert ist.

Es klingelt ewig lange. Schließlich meldet sich eine verschlafene Stimme auf Englisch.

Petersen bemüht sich gar nicht erst, englisch zu reden. „Kann ich mol Rebecca Färberich sprechen?", poltert er los. Immerhin setzt er dann noch ein „please – bitte" hinterher.

Tabea bekommt mit, wie dort drüben, am anderen Ende der Welt, wo jetzt unbegreiflicherweise früher Morgen ist, jemand eine schläfrige Antwort brummelt und den Hörer weitergibt.

„Moment, hat er gesacht", erklärt Petersen mit der Hand über der Hörmuschel.

Dann hören sie eine deutsche Stimme. „Rebecca Färberich, ja bitte?"

„Ich bünn das, Petersen, Becky. Mädchen, ich hab schlechte Neuigkeiten ..." So schonend wie möglich informiert der Landwirt Rebecca über das, was passiert ist.

„Ich versteh das nicht", sagt eine erschütterte Stimme in Amerika. „Maike ist doch so zuverlässig. Da muss was passiert sein. Oh Gott, was machen wir denn jetzt? Ich ruf da gleich an. Oh du liebe Güte. Himmel, nein! Meine armen Ponys. Ohjemineh. Und ich bin nicht da." Es klingt, als ob die junge Frau den Tränen nah ist.

„Nu beruhig dich mal, Becky." Petersen redet mit weicher Stimme auf sie ein. „Gib mir die Nummer. Wir rufen da an. Das geht schneller. Und mach dir keine Sorgen. Die Stute und das Fohlen sind versorgt, und den Wallachen geht's auch gut. Wir kümmern uns drum, bis du wieder da bist."

„Ich brauche ein paar Tage, um mir ein Flugticket zu besorgen. Ich komme, so schnell ich kann", verspricht Rebecca Färberich.

Petersen notiert sich in verschnörkelten Zahlen die Telefonnummer dieser Maike, und dann legt er auf.

„Ich ruf da an", schnaubt Bert. Er ist immer

noch wütend. „Ich ruf gleich mal diese Maike an und geig ihr die Meinung. So was macht man nämlich nicht. Man verspricht nicht, sich um Tiere zu kümmern, und tut es dann nicht. Geschweige denn, auch noch zu behaupten, sie wegzuholen und woanders unterzubringen, und dann einfach im Stich zu lassen. Die sind doch auf sie angewiesen. Das geht so nicht! Ich ruf diese Tussi an und mach sie zur Schnecke." Er greift nach dem Zettel mit der Telefonnummer. Aber Bauer Petersen lässt das Papier nicht los und windet es Bert mit seinen kräftigen Fingern wieder aus der Hand.

„Ich mach das schon", widerspricht er. „Ich kann das ganz alleine. Ich bin nämlich schon groß", verkündet er ernst.

Bert schluckt. „'tschuldigung", stammelt er.

Petersen tätschelt ihm unbeholfen den Rücken. „Ist schon gut, Junge. Ich versteh dich. Aber Wut und Aufregung bringen uns da jetzt auch nichts."

Tabeas Vater nickt.

„Hmpff", macht Bert. Das ist so ein typisches Humperdinck-Geräusch. Tabea hat es schon bei Berts Mutter gehört. Und sogar Tinker gibt manchmal einen ganz ähnlichen Laut von sich.

Dann wählt Petersen wieder. Es klingelt. Niemand geht ran. Schließlich springt ein Anrufbeantworter an. „Hier ist der Telefonbutler der Nummer siebenundsechzig dreizehn“, schnarrt eine elektronische Stimme. „Wir können gerade nicht rangehen. Sprechen Sie bitte nach dem Piep. Wir rufen so schnell es geht zurück.“

„Das will ich auch hoffen“, knurrt Petersen. „Das ist hier nämlich wichtig, dammich nomol! Es geht um die Ponys von Rebecca Färberich.“

Dann gibt er seine Nummer durch und knallt den Hörer auf die Gabel, dass das alte Telefon empört rasselt. Er blickt grimmig in die Runde.

„Und jetzt?“, nimmt ihm Dirk Weiden die Frage ab.

Tabea und Bert sehen den Landwirt ebenfalls an. Petersen kratzt sich am Hinterkopf und nimmt die Lesebrille ab. Sorgfältig klappt er die Bügel zusammen und schiebt die Brille zurück ins Etui. „Tja“, sagt er dann. „Noch Kaffee?“, fragt er Dirk Weiden.

Der nickt und schiebt ihm seine Tasse hin.

Während Petersen aufsteht und zur Kaffeemaschine hinübergeht, meint er: „Ich weiß ja auch nicht, wann da wer nach Hause kommt und zurückruft. Und eine Adresse haben wir nicht. Scheint aber auch keiner da zu sein.“ Er kratzt sich noch einmal am Kopf.

Doch da kommt ihnen der Zufall zu Hilfe. Das Telefon schrillt. Tabea zuckt zusammen. Dieses alte Ding macht einen Höllenlärm. Kein Vergleich zum leisen Klingeln ihres Telefons zu Hause auf dem Käuzchenhof.

Noch einmal scheppert der Kasten los. Dann greift Petersen zum Hörer. „Petersen?!“, schnauft er in die Muschel.

Die Kinder spitzen die Ohren. Am anderen Ende der Leitung hören sie eine atemlose Männerstimme. „Ich habe gerade den AB abgehört. Ist was nicht in Ordnung?“

„Den AB. Soso“, sagt Petersen langsam. „Kann man wohl sagen, junger Mann. Wir haben die Ponys gerade noch mal so über'n Berg gekriegt. Und dem Fohlen geht's auch gut. Ein Wunder, wenn man bedenkt, dass die Mutter keine Kraft hat, es zu säugen.“

„Mutter? ... Was denn? ... Welches Fohlen? ... Wieso?“ Der junge Mann stammelt durcheinander.

„Geben Sie mir am besten mal die junge Frau, die versprochen hat, sich um die Tiere zu kümmern. Wer sind Sie eigentlich?“

„Ich bin Maikes Freund, Jan Winnebluth“, bringt der Mann heraus. „Maike liegt im Krankenhaus. Beinbruch. Ziemlich kompliziert.

Musste operiert werden. Ist wohl auf der Weide passiert. Aber sie wollte mir nichts darüber sagen ... Wir wollten die Ponys eigentlich zu uns in die Nachbarschaft holen. Das konnte ich doch nicht allein, ohne sie ... Dann hab ich mich um die Pferde gekümmert. Musste ich ihr versprechen. Frisches Wasser ist am wichtigsten, hat sie gesagt. Und darauf hab ich auch immer geachtet. Hab ich denn was falsch gemacht? Das verzeiht sie mir nie!"

„Und Futter? Und der Schmied?", fragt Tabea wütend dazwischen. Aber ihr Vater bedeutet ihr mit einer Geste, ruhig zu sein.

„Ja, sie hat auch was von Schmied gesagt", stottert Jan Winnebluth irritiert weiter. „Aber ich hab die Nummer nicht gefunden. Und der Arzt hat gesagt, sie soll sich nicht aufregen. Da hab ich gedacht, auf zwei Wochen, bis sie wieder entlassen wird, kommt es wohl auch nicht an. Aber jetzt liegt sie schon die dritte Woche da. Kennen Sie denn einen Schmied? Dann ruf ich da gleich an!"

Petersen schnaubt. Bert macht „Hmmpf."

„Kenn ich. Ja", antwortet Petersen, fast schon belustigt über so viel Naivität und Unwissen.

„Ich hab den dreien auch immer eine Möhre mitgebracht ... also, jedem eine, natürlich."

„Natürlich“, wiederholt Petersen und verdreht fassungslos die Augen. „Also wissen Sie was, junger Mann? Am besten, Sie setzen sich jetzt mal in Ihr Auto und kommen her. Der letzte Hof am Ort, wenn Sie von der Weide aus kommen. Finden Sie das?“

„Äh. Ja ... klar. Oh Gott, Maike bringt mich um, wenn ich was falsch gemacht hab.“

„Na, das werden wir ja sehen“, sagt Petersen und legt auf. „Vielleicht erledigen ja wir das vorher!“ Aber das meint er natürlich nicht ernst.

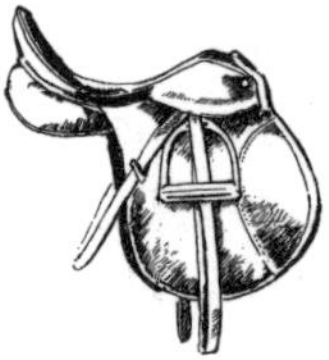

10. Kapitel

in dem Jan Winnebluth lernt, dass Pferde nicht von einer Möhre satt werden, zum großen Stallausmisten verdonnert wird und Tabea und Bert endlich weiterreiten können

Keine Stunde später sitzt Jan Winnebluth wie ein Häufchen Elend am großen Eichentisch in der Küche von Familie Petersen und lässt eine Standpauke auf sich niederprasseln, die es in sich hat.

„Nichtwissen schützt nicht vor Schuld", behauptet Frau Petersen, die nun auch dazugekommen ist.

Der junge Mann zieht den Kopf ein. Fast tut er Tabea ja schon wieder Leid. Aber wenn sie sich die Gesichter und ausgemergelten, abgemagerten Körper der drei Pferde und das arme, halb mutterlose Fohlen in Erinnerung ruft – nein – das hat er verdient.

„So, was machen wir nun mit dir?" Petersen sieht Winnebluth ernst an.

„Ich hab's wirklich nicht böse gemeint", sagt Winnebluth leise. „Aber ich hatte doch keine

Ahnung. Und dass die Stute trächtig war, hat mir keiner gesagt."

„Das wusste die Maike aber auch nicht", mischt sich die Bäuerin ein. „Das hätte sie mir erzählt."

„Na gut", brummt der Landwirt. „Wollen wir noch mal Gnade vor Recht ergehen lassen."

„Ich will's gern wieder gutmachen", verspricht der junge Mann eifrig.

„Tjohh, die Zeit lässt sich nun mal nicht zurückdrehen, Junge. Das kann man nicht wieder gutmachen, dass eine Stute ihr Fohlen nicht angenommen hat und Loki, Freya und Hadur Hunger leiden mussten. Aber hier ist die Nummer vom Schmied. Den kannst du schon mal anrufen und mit ihm einen Termin ausmachen. Und dann auch da sein, hörst du?! Und mit anpacken. Und weil ich nun hier die ganze Zeit rumgesessen hab, statt meine Arbeit zu erledigen ... wegen dir! ..." Er sieht ihn finster an. „... wäre es eigentlich nur gerecht, wenn du mir beim Ausmisten vom Kälberstall helfen würdest. Von 'ner Anzeige beim Tierschutzverein haben wir ja alle nichts, oder?"

„Gern!" Jan Winnebluth atmet erleichtert aus. Er hat sich anscheinend etwas viel Schlimmeres als das vorgestellt. „Wann?", fragt er.

„Na, ich würde sagen: Jetzt! Was spricht dagegen?“ Petersen versucht, sich ein Grinsen zu verbeißen. Bert schafft das nicht. Ihm steht die Schadenfreude mit fetten Buchstaben ins Gesicht geschrieben: Jan Winnebluth ist für alles bestens angezogen, nur nicht für Stallarbeit. Zweifelnd sieht er an sich herunter: Designerjeans, feine Lederschuhe, und das T-Shirt sieht auch nicht so aus, als wäre es vom Grabbeltisch.

„Na, vielleicht hab ich irgendwo noch ’nen Arbeitskittel und ein Paar Gummistiefel, was, Helga?“

Petersens Frau nickt belustigt. „Wollen die Kälber ja nicht erschrecken!“ Sie zwinkert dem jungen Mann zu. Sein Gesicht hat eine himbeerrote Farbe angenommen.

Auch Tabea und ihr Vater grinsen. „So, dann wollen wir Sie mal nicht länger aufhalten“, meint Dirk Weiden. „Ich bring die Kinder zur Weide zurück. Wir geben den Pferden noch mal einen Schwung Heu und Möhren und sehen nach dem Rechten, bevor ihr weiterreitet. Einverstanden?“

Tabea und Bert nicken.

„Ich geb euch noch ’ne Portion von dem Mineralfutter mit, das mir Frau Bredenbeck dagelassen hat“, schlägt Petersen vor und steht auf. „Da sind auch Vitamine und irgendwelche Aufbaupräparate drin, damit die beiden schnell wieder was auf die Rippen kriegen." Herausfordernd schlägt er Winnebluth auf die Schultern. „Von einer Möhre pro Pferd werden die nix, Jung'!"

Winnebluth schluckt. „Werd's mir merken", murmelt er.

„Dürfen wir die Isis besuchen kommen?", erkundigt sich Tabea, bevor sie in den Wagen steigt. Sie hat sich immer noch nicht an das rote Auto gewöhnt. Aber das muss sie auch nicht. Es gehört nur einem Kollegen ihres Vaters.

„Aber sicher doch", antwortet Petersen und lächelt. „Und uns natürlich auch! Vielleicht findet meine Helga ja sogar die Zeit, einen ihrer leckeren Pflaumenkuchen zu backen, wenn ihr rechtzeitig vorher anruft. Und dann fahren wir gemeinsam nach Wittorf und sehen nach, wie es Laika und ihrer Mutter geht. Einverstanden?"

„Klaro!", brüllen Bert und Tabea begeistert.

Als sie die Weide erreichen, ist es schon spät am Nachmittag. Sunny und Tinker stehen dösend, Kopf an Kruppe im Halbschatten zwischen den Hecken. So wehren sie gegenseitig ein paar übrig gebliebene Spätsommerbremsen mit dem Schweif ab.

„Lästige Biester“, brummt Tabeas Vater und schlägt sich auf den Unterarm, wo ein besonders fettes Exemplar seine Gier mit dem Tod bezahlen muss. Zurück bleibt nur ein roter Fleck. Angewidert streift Dirk Weiden seine Hand im Gras ab.

Schließlich sind die Isländer gefüttert und Sunny und Tinker gesattelt und abrittbereit.

Dirk Weiden verabschiedet sich kopfschüttelnd von seiner Tochter und ihrem Freund. „Dass ihr das gestern nicht gefunden habt, will mir nicht in den Schädel“, sagt er belustigt. „Das sind nur noch sieben Kilometer von hier! Na ja, so schafft ihr's wenigstens heute ganz bestimmt. Oder?“ Er zwinkert den beiden zu und streichelt Sunny und Tinker zum Abschied. „Dann holt euch Kathi morgen früh ab, okay?“

Er selber muss dann nämlich wieder arbeiten. Aber Tabeas Mutter ist freiberuflich tätig und kann sich ihre Arbeitszeit einteilen – und Pferdehänger fahren kann sie auch.

„Ach weißt du, Papa, ich glaub, das war Schicksal. Sieh mal: Wenn wir uns nicht verritten hätten, hätten wir die Ponys nicht entdeckt – und wer weiß, was dann aus Laika und den anderen geworden wäre!“

Ihr Vater nickt. „Wo du Recht hast, hast du Recht, Keks. So, und nun viel Spaß!“

Während sie die letzten Kilometer zu Nicole reiten, gehen ihnen tausend Dinge durch den Kopf. Die Karte brauchen sie zum Glück nicht mehr. Es sind wirklich nur noch drei Abzweigungen. Die haben sie sich so gemerkt. Wie konnten sie sich nur so verreiten? Aber es hatte ja wirklich sein Gutes gehabt.

„Sieh mal!“, reißt Bert Tabea aus ihren Gedanken. „Da vorn, der Sandweg. Was meinst du?“

Tabea weiß sofort, was Bert im Sinn hat. Sie nickt begeistert und nimmt Sunnys Zügel kürzer. So ein kleiner Galopp den Hügel hinauf wird ihnen gut tun. Sunny und Tinker spitzen begeistert die Ohren. Bert und Tabea müssen sie überhaupt nicht antreiben. Ein kleines Schnalzen mit der Zunge genügt, und schon galoppieren beide Ponys an. So schnell sie können, reiten sie den Hügel hinauf. Der Sand spritzt nur so unter den Hufen weg. Tabea steht in ihren Steigbügeln, weit nach vorn gelehnt, das Gesicht von Sunnys weißer Mähne umweht. Ein herrliches Gefühl. Wie hat sie es nur jemals ohne ihre Sunny ausgehalten. Ein Leben ohne ihr

Schimmelchen kann sie sich überhaupt nicht mehr vorstellen. Es muss schlimm sein für Rebecca Färberich, so ohne ihre Pferde weit weg in Amerika zu sein. Sie an ihrer Stelle würde furchtbares Heimweh haben, überlegt Tabea.

Eine Stunde später, nach einem herrlichen Ritt durch hügelige Heidelandschaft, treffen sie auf dem Hof von Nicoles Eltern ein. Nicole steht schon am Gatter und winkt. Sie hat selber leider keine Pferde. Aber ihr großer Bruder hat zwei Shetlandponys, denen er allerlei Kunststücke beibringt. Eigentlich ist er mit seinen neunzehn Jahren schon lange aus dem Ponyalter raus. Aber er hat sich nie von den beiden trennen mögen – und jetzt fährt er immer noch Kutsche mit ihnen.

„Ich hab schon alles vorbereitet“, ruft Nicole von weitem. „Bringt die beiden zu Oskar und Herbie auf die Wiese und dann erzählt mir alles! Was war los?“

„Gleich“, ruft Tabea grinsend. „Lass uns doch erst mal ankommen!“

Nicoles dunkle schulterlange Fransen fliegen im Wind, als sie mit dem Fuß Schwung holt und auf dem Gatter stehend zur Seite schwingt. So können Tabea und Bert bequem auf den Hof reiten, ohne absteigen zu müssen.

„Das ist eine lange Geschichte“, fängt Bert an, während er Tinker an der Tränke den Sattel abnimmt.

Etwas steifbeinig stellt Tabea den von Sunny daneben und knotet das Halfter ab, das sie für den kurzen Ritt daran geknüpft hatte. Ob sie diesen Muskelkater jemals los wird? Aber sie hat keine Zeit, weiter an ihre Bein- und Kreuzschmerzen zu denken, denn Nicole löchert sie beide mit Fragen.

„Wie? Ihr wart bei einer Fohlengeburt dabei? Wie sieht es aus? Und wie ist das in Wittorf? Und wem gehören die Ponys überhaupt? Und warum kümmern sich die Besitzer nicht darum?“

Tabea schnauft. „Oh Mann, Nicole. Langsam. Lass uns doch erst mal die Ponys auf die Weide bringen, okay? Und dann erzählen wir alles der Reihe nach. Bei der Geburt waren wir übrigens nicht direkt dabei.“ Sie wirft Bert einen Blick zu. Dass der immer so übertreiben muss. „Und die Besitzerin heißt Rebecca Färberich. Aber die ist in den USA, und kümmern sollte sich eine Maike. Und ihr Freund heißt Jan ...“

„... Winnebluth? Die kenn ich beide. Das sind Freunde von Thorben, meinem Bruder“, fährt Nicole mit aufgerissenen Augen dazwischen.

„Aber Jan hat doch Angst vor Pferden, vor allem, seit Maike diesen schrecklichen Unfall hatte."

Jetzt ist es an Tabea und Bert, den Mund aufzusperren.

11. Kapitel

in dem Bert und Tabea merken, wie klein die Welt ist, Nicole Licht ins Dunkel bringt und sich Besuch aus Amerika ankündigt

„Der hat euch glatt angelogen“, platzt Nicole heraus, nachdem sie die ganze Geschichte gehört hat. „Thorben war dabei. Er hat ja für Maike sogar den Krankenwagen bestellt. Also ich kenne die Geschichte ganz anders.“

Tabea und Bert kommen aus dem Staunen gar nicht mehr heraus. Sie sitzen in der großen alten Wohnküche von Nicoles Familie, trinken Saftschorle mit selbst gemachtem Kirschsirup und sehen den Pferden durch ein großes Panoramafenster zu, das direkt auf die Weide zeigt.

Tinker und Sunny haben sich schon mit den beiden Shettys angefreundet und zupfen sich gegenseitig im Fell herum.

„Süß, guck doch mal“, findet Tabea, stupst Bert an und zeigt auf die einträchtig grasenden und schmusenden Ponys.

„Hmmm“, brummt Bert und schüttelt sich.

„Lass doch mal.“ Dann wendet er sich wieder an Nicole. „Und was hat Thorben dir erzählt, wie das passiert ist?“

„Also, das war so.“ Nicole holt tief Luft und zieht sich die Beine im Schneidersitz unter den Po. „Die waren wohl zu dritt auf der Weide, um Zäune zu richten. Eins der Ponys war stiften gegangen und hat dabei den Zaun an einer Seite kaputtgerissen. Ist aber zum Glück nichts weiter passiert, weil sie offenbar höchstens ’ne halbe Stunde später an der Weide waren. Also haben sie das Pony wieder eingefangen, den kleinen braunen Wallach, Loki, wisst ihr?“

Tabea und Bert erinnern sich. Sie nicken. „Und weiter?“, drängelt Bert.

„Jaja. Also Maike und Thorben reparieren den Zaun, weil Jan nämlich zwei linke Hände hat, sagt mein Bruder. Und Jan soll das Pony einfangen. Er lockt es mit einer Möhre und stellt sich dabei so blöd an …“ Nicole schneidet eine Grimasse, verdreht die Augen und tippt sich an den Kopf. „… so blöd, dass Loki ihn kräftig in den Finger beißt, weil er den für die Karotte gehalten hat.“ Sie schüttelt den Kopf und schaut in die Gesichter ihrer Zuhörer. Tabea nickt ihr auffordernd zu.

„Er hat geschrien wie am Spieß, sagt Thorben.

Also sind die beiden zu ihm gerannt. Mein Bruder hat sich um Jan gekümmert und Maike Loki eingefangen, der bei der ganzen Schreierei wieder stiften gegangen ist. Ja. Und da haben Hadur und Freya die Gelegenheit genutzt und sind auch durch den Zaun und Loki hinterher. Maike hat den Strick eisern festgehalten, als die alle drei zusammen losgeprescht sind. Doch dann ist sie über eine Wurzel gestolpert, hat sich darin verheddert und ist wohl ganz blöd gefallen. Thorben sagt, er hat noch nie jemanden so brüllen hören – abgesehen von Jan fünf Minuten vorher. Dann ist sie ohnmächtig geworden, und sie haben den Notarzt gerufen, und Thorben hat ganz allein die Ponys eingefangen, weil Jan bei Maike saß und mit den beiden eh nichts mehr anzufangen war."

„Kein Wunder", brummt Bert.

„Aber dann kann Jan doch gar nix dazu!?", bemerkt Tabea.

„Hab ich ja auch gar nicht behauptet", erwidert Nicole.

„Scheußliche Vorstellung", meint Bert und reibt gedankenverloren sein Bein. Die Mädchen nicken.

„Kann ich nachvollziehen, dass er seither Schiss vor den Pferden hat", murmelt Tabea.

„Wahrscheinlich hat er das Wasser immer vom Rand der Weide gegeben. Der Wasserhahn ist ja von da zugänglich."

„Kann gut sein. Der wird nie wieder die Wiese betreten haben. Das trau ich ihm zu. Die Möhren übern Zaun geschmissen, Wasser nachgekippt und ab durch die Mitte. Kein Wunder, dass er nichts von den Hufen oder der Trächtigkeit mitgekriegt hat."

„Und auch kein Wunder, dass er jetzt so ein furchtbar schlechtes Gewissen hat", ergänzt Tabea finster.

Nicole sieht von einem zur anderen. „Und wie sind die Fohlen in Wittorf so? Bestimmt süüüüß, oder? Habt ihr mit denen schmusen dürfen? Ich finde Fohlen ja soo niedlich!"

Tabea und Bert verdrehen beide die Augen. Jetzt ist es an ihnen, neue Erkenntnisse weiterzugeben. „Also weißt du, das mit den Fohlen …"

„Wollen wir die Maike nicht mal im Krankenhaus besuchen", schlägt Nicole nach einer Weile vor, um vom Thema abzulenken. Wenn man jetzt nicht mal mehr Fohlen süß finden darf, ohne sich gleich eine Gardinenpredigt anhören zu müssen …

„Ich denke, sie ist eine Freundin von deinem

Bruder? Die sind doch alle schon so alt, über achtzehn, oder? Was wollen wir denn da?", fragt Bert unsicher.

„Es wird sie bestimmt interessieren und freuen zu hören, dass mit den Ponys alles in Ordnung ist", meint Nicole hartnäckig.

„Da hast du allerdings Recht", gibt Tabea zu. „Ihre Schuld ist es ja nun gar nicht. Aber ich weiß auch nicht."

Nicole zuckt mit den Schultern. „War ja nur so 'ne Idee. Und wie geht's jetzt weiter mit den Isis?"

„Gute Frage", sagt Bert. „Wenn ich Herrn Petersen richtig verstanden habe, kann er sich auch nicht auf Dauer um die Pferde kümmern. Für ein paar Tage, bis eine Lösung gefunden ist, schon. Aber er muss sehen, dass er mit seinem Vieh alles auf die Reihe kriegt, und bald ist Rübenerntezeit. Das ist wohl auch nicht so einfach." Tabea nickt bekräftigend.

„Wieso nehmt ihr sie nicht auf dem Käuzchenhof auf? Das ist doch eh schon ein halbes Tierheim", meint Nicole strahlend. Sie denkt an die vielen Tiere, die dort schon ein neues Zuhause gefunden haben.

Tabea grinst. „Gute Idee! Dass ich da nicht selber draufgekommen bin!" Aber dann verdunkelt sich ihr Gesicht wieder. Sie erinnert sich, was ihr Vater gesagt hatte, als es nur um ein einziges, kleines Fohlen ging. „Ich glaube allerdings nicht, dass meine Eltern davon begeistert wären."

„Wir sollten vielleicht einfach noch mal selber mit der Besitzerin sprechen", schlägt Bert vor.

„Blöd, dass wir uns nicht von Petersen die Nummer haben geben lassen", meint Tabea zerknirscht. „Jetzt müssen wir da noch mal hin."

„Oder wir besuchen doch Maike und fragen sie. Die weiß die Nummer bestimmt fast schon auswendig." Nicole hopst aufgedreht auf ihrem Stuhl herum. „Wir können ja Thorben fragen, ob er uns fährt. Mein Bruder hat schon seit einem Jahr den Führerschein."

„Toll", brummt Bert.

An seinem Tonfall erkennt Tabea, dass Nicole anfängt, ihn zu nerven – und ihr selbst geht es nicht viel besser, wenn sie ehrlich ist. Tabea runzelt die Stirn. Was will Nicole nur unbedingt im Krankenhaus bei Maike? Da steckt doch was dahinter!

Sie schaut ihrer Schulfreundin intensiv ins Gesicht. Aber da findet sie auch keine Antwort.

„Vielleicht ist sie in jemanden verknallt? In

Jan Winnebluth vielleicht?", flüstert Bert Tabea zu, als Nicole von ihrer Mutter gerufen wird. Sie stehlen sich nach draußen, um bei der Gelegenheit nach den Pferden zu sehen und sich ungestört unterhalten zu können.

„Nicole? Glaub ich nicht!", gibt Tabea entrüstet zurück, obwohl ihr der Gedanke auch schon in den Kopf geschossen ist.

Aber verknallt? Nicole? Noch dazu in so einen alten Knacker? Niemals! Sie kennt doch ihre Freundin. Oder?

„Na, wir werden sehen", meint Bert weise. „Lass uns doch ins Krankenhaus fahren. Ich bin ja schon neugierig. Da schlagen wir gleich drei Fliegen mit einer Klappe."

„Hmm." Diesmal brummt Tabea. Und das liegt nicht nur daran, dass Sunny sie kaum eines Blickes würdigt, weil Bert noch zwei Äpfel mitgebracht hat und sie nichts.

„He! Hallo! Kommt rein! Das glaubt ihr nicht, wer hier am Telefon ist. Schnell!" Nicole brüllt von der offenen Terrassentür her quer über den Hof, wo Tabea und Bert bei den Ponys stehen. „Nun beeilt euch doch!" Ihre Freundin ist kaum zu halten.

„Nicht ausgelastet", knurrt Bert. „Müsste mehr Sport treiben."

Tabea versucht verzweifelt, einen Kicheranfall zu unterdrücken. „Wir kommen schon!“, ruft sie hinüber. Und dann greift sie Bert am T-Shirt und rennt los. Denn neugierig sind sie ja doch.

„Hallo, hier ist Becky Färberich“, sagt eine nette Frauenstimme mit Akzent. Wahrscheinlich hat das ganze Amerikanische um sie herum bereits ein bisschen abgefärbt. „Ich war vorhin so perplex am Telefon und noch gar nicht richtig wach, als Petersen angerufen hat. Ich habe mich nicht mal bei euch bedankt, dass ihr meine Ponys gerettet habt“, kommt sie gleich zur Sache. „Er war so nett, mir die Nummer von Nicole aus dem Telefonbuch zu suchen. Er wusste ja, dass ihr dahin unterwegs seid. Tut mir Leid, dass euer Wanderritt wegen mir und den Isis so umständlich gelaufen ist. Wie kann ich das wieder gutmachen? Ich habe schon gehört, dass ihr euch so lange darauf gefreut hattet ...“

„Ooooch“, meint Tabea gedehnt. „Das ist schon in Ordnung. War ja auch ein Abenteuer.“

Bert rempelt sie an und zeigt ihr einen Vogel. Tabea wird rot. Vielleicht hat sie sich wirklich ein wenig ungeschickt ausgedrückt.

„Ich meine ... also, wir haben's wirklich gern gemacht. Und es war sehr spannend da in Wittorf.“

Becky Färberich kichert ein bisschen. Und es scheint gar nicht so, als wäre sie ein paar tausend Kilometer entfernt auf der anderen Seite des Atlantiks.

„Klingt gar nicht so weit weg“, sagt Tabea, um die Pause zu überbrücken.

„Doch, leider“, sagt die junge Frau am anderen Ende der Leitung. „Sonst wäre das alles ja gar nicht passiert. Wenn ich mir das überlege: Jan wird gebissen, Maike bricht sich das Bein, meine Stute verliert fast ihr Fohlen – von dem ich übrigens überhaupt keine Ahnung hatte. Das ist ja noch das Irrwitzigste daran! Ich hab hier schon gesessen und gerechnet und überlegt, wie und wann das passiert sein könnte …“

Tabea kann sich ein breites Grinsen nicht verkneifen. Aber das sieht man ja zum Glück nicht am Telefon.

Rebecca Färberich sprudelt weiter. „Und alles nur, weil ich mal ein paar Monate nicht da bin. Ungeheuerlich. Ich bin völlig außer mir. Jahrelang passiert gar nichts. Und einmal ist man für ein paar Monate nicht da und dann so was …“

„Wann sind Sie denn wieder hier?“, erkundigt sich Tabea und nutzt die Gelegenheit, während Frau Färberich Luft holt.

„Ich habe Glück gehabt und einen günstigen

Last-Minute-Flug erwischt. Ich komme in drei Tagen“, verkündet die Besitzerin der Isländer. „Jetzt muss ich ja, so schnell es geht, nach dem Rechten sehen und verschiedene Dinge regeln. Und euch will ich auch unbedingt kennen lernen und persönlich die Hand schütteln! Wollen wir dann zusammen nach Wittorf fahren?“

Tabea nickt. Da fällt ihr ein, dass Rebecca das nicht sehen kann in Amerika. „Klar, machen wir. Super!“, fügt sie hinzu. Danach verabschieden sie sich fürs Erste. Tabea legt auf.

Nicole hopst neben Bert schon die ganze Zeit unruhig auf und ab. Tabea hat hektische Flecken im Gesicht. „Ich hab grad mit Amerika telefoniert“, haucht sie selig.

„Nur mit einer Einwohnerin. Und die ist aus Deutschland“, grummelt Bert zurück. Aber dann muss er doch lachen, als er so von einer zu anderen sieht. „Mädchen.“

12. Kapitel

in dem Rebecca ein besonderes Geschenk für Bert und Tabea mitbringt und die Zukunft der Ponys geklärt ist, noch bevor die beiden aus der Schule kommen

Zurück auf dem Käuzchenhof vergeht die Zeit unendlich langsam. Drei endlose Tage. Sogar die Schule ist da eine willkommene Abwechslung. Ihre Klassenkameradin Monika will natürlich alles über den Wanderritt von Tabea erfahren.

„Meine Mutter würde so was nie erlauben“, sagt sie in der Pause mit schwärmerischem Blick. „Immer erlebt ihr Abenteuer, du und Bert und die Ponys. Ich muss dich doch mal wieder besuchen kommen“, stellt sie fest.

Tabea sieht das eher nicht so. Früher waren Moni und sie die besten Freundinnen. Aber kurz nachdem Tabea mit ihren Eltern auf den Käuzchenhof gezogen ist, hat Moni das Reiten aufgegeben und mit Tennis angefangen. Plötzlich hatte sie Angst, sich schmutzig zu machen. Mittlerweile schwärmt sie Tabea immer nur von neuen Modeklamotten und Boygroups vor.

Sie ist sich ziemlich sicher, dass Moni die Freundschaft nur deswegen noch nicht aufgegeben hat, weil sie sich Autogramme durch die Arbeit von Tabeas Mutter erhofft. Aber da kann sie lange warten. Tabea grinst grimmig.

„Was denn?“, fragt Moni prompt.

„Nichts“, schwindelt Tabea und hat eine glorreiche Idee. „Im Moment haben wir ziemlich viel zu tun auf dem Hof. Aber wenn du kommen magst und mit anpackst? Ich bin immer dankbar, wenn mir jemand beim Ausmisten hilft!“

„Iiih, nein danke!“, kreischt Moni wie erwartet los und verabschiedet sich ganz schnell. Irgendwo steht ein Pulk mit Mädchen und drängelt sich um die neueste Ausgabe einer Jugendzeitschrift. Da muss sie natürlich hin.

„Lieber Doktor Winter“, flüstert Tabea fast lautlos und setzt sich grinsend auf eine Bank, wo sie Nicole mit der neuesten Ausgabe einer Pferdezeitschrift entdeckt hat. „Manchmal ziehen doch die uralten Tricks am allerbesten.“

Nicole strahlt Tabea entgegen. Doch kaum hat sie sich gesetzt, löchert sie die Freundin auch schon: „Wart ihr schon wieder mal in Wittorf? Und wann besuchen wir denn nun Maike im Krankenhaus?“

Vom Regen in die Traufe, denkt Tabea und fragt im Stillen Doktor Winter: Womit habe ich das verdient?

Da läutet zum Glück der Gong das Ende der Pause ein.

Und dann ist es endlich so weit. Als Tabea am Dienstag aus der Schule kommt, steht ein alter, grüner VW vor der Toreinfahrt zum Käuzchenhof. Den hat sie hier noch nie gesehen. Gäste? Oder könnte es sein, dass ... Nachdenklich geht sie am Hühnerstall vorbei ums Wohnhaus herum. Die Weidens leben in einem alten Bauernhaus aus dem neunzehnten Jahrhundert. Tabeas Eltern haben es in mühevoller Arbeit wieder bewohnbar gemacht. Tabea erinnert sich noch mit Grausen an die löcherige Bruchbude voller Spinnen, die es einmal war.

Mitten in ihren Gedanken geht auch schon die Küchentür auf. Tschucki und Benji schießen hintereinander heraus, um Tabea zu begrüßen. Ihre Mutter folgt den beiden und bleibt lachend im Eingang stehen. Tabea nimmt die abwechselnd fauchende und schnurrende Katze auf den Arm und verteidigt sich kichernd gegen Benji. Der Mischling springt kläffend und jaulend an ihr hoch. Ein alltägliches Begrüßungsritual, das nie seinen Reiz verliert.

„Besuch für dich, Tabea. Komm rein. Wir haben mit dem Essen auf dich gewartet."

Neugierig setzt Tabea Tschucki unter dem Rosenbusch neben dem Kräuterbeet ihrer Mutter ab. Benji ist zu ungeschickt, um ihr zwischen die Dornen folgen zu können. Aber auch Tschucki hat heute keine Lust, draußen zu bleiben. Ihre Jungen streunen wer weiß wo herum, und drinnen gibt's bestimmt eine Schale Milch für sie. Noch vor Tabea und Benji ist die Katze durch die kleine Klappe in der Tür gehuscht und drin.

Am Küchentisch sitzen Bauer Petersen und eine zierliche junge Frau mit raspelkurzen, braunen Haaren, die zu einer wuscheligen Igelfrisur hochgeföhnt sind. Sie trägt eine Jeanslatzhose und ein kariertes Holzfällerhemd, dazu echte Sneakers. Das muss Rebecca Färberich sein. Aber Tabea hätte sie sich ganz anders vorgestellt.

„Hallo", begrüßt sie die Frau und streckt ihr die Hand entgegen. Rebecca Färberich ist bereits aufgestanden und hinterm Tisch hervorgekommen. „Hi!", grüßt sie zurück. „Sag Becky zu mir. Das machen alle. Endlich kann ich mich persönlich bei dir bedanken. Ist dein Freund auch da?"

Tabea schüttelt ihr die Hand und gleichzeitig

den Kopf. „Bert ist bei sich zu Hause. Essen und Schulaufgaben machen. Er kommt meist so gegen drei. Dann reiten wir nämlich und misten anschließend aus“, erklärt sie.

Ihre Mutter deckt inzwischen den Tisch. „Was hältst du davon, wenn du ihn gleich mal anrufst und fragst, ob er früher rüberkommen darf? Ihr habt doch bestimmt eine ganze Menge zu besprechen. Wir sind ja schon durch.“ Vertraulich zwinkert Katharina Weiden Becky zu. „Milch oder Saft?“, wendet sie sich dann an Tabea. Die ist noch nicht mal dazu gekommen, ihre Schultasche abzustellen.

„Saft bitte“, antwortet sie und stürzt in den Flur ans Telefon. Mit fliegenden Fingern wählt sie Berts Nummer. Die kann sie auswendig. „Stell dir vor, wer da ist!“, ruft sie in den Hörer, als jemand abnimmt.

Aber es ist Berts Mutter. „Warte, Tabea, ich hol ihn dir“, sagt sie nur und legt den Hörer daneben. Tabea hört, wie es raschelt und rumpelt, dann meldet sich Bert.

„Hi!“, sagt Tabea ohne Umschweife. „Komm sofort rüber. Sie ist da!“

„Okay!“, antwortet Bert wie aus der Pistole geschossen und legt auf. Da sind keine Fragen mehr nötig. Na bitte, geht doch, denkt Tabea zufrieden und geht in die Küche zurück. Ihre Hände sind schweißnass. Verstohlen wischt sie über ihre Jeans und holt tief Luft. Das soll beruhigen und Selbstvertrauen geben, hat sie mal in irgendeinem schlauen Pferderatgeber gelesen. Wenn's hilft?! Doktor Winter hat ihr zumindest nie was Gegenteiliges geraten.

Das Essen steht bereits auf dem Tisch. Tabea schnuppert. Wenn das nicht wieder die berühmt-berüchtigte Exotenreispfanne ihrer Mutter ist! Tabea verdreht die Augen. Die Kochkünste ihrer Mutter sind eine hervorragende Gelegenheit, bei Freunden und Klassenkameraden die Spreu vom Weizen zu trennen. Denn Katharina Weiden kann gut kochen – aber sie experimentiert sehr gern und hat ein Faible für ausgefallene Zusammenstellungen. Hätte sie heute nicht mal ausnahmsweise was Normales kochen können?

Aber Rebecca Färberich rührt gespannt in dem großen Wok herum, um die Zutaten herauszufinden. „Oh lecker", ruft sie begeistert. „Bananen und Cashewkerne. Scharf?", fragt sie mit leuchtenden Augen.

Katharina Weiden stellt gerade noch eine Salatschüssel daneben. Tabea entdeckt Preiselbeeren in der Soße. Wunderbar. Aber was wird

Herr Petersen sagen? Hätte sie nicht wenigstens da einfach Essig und Öl nehmen können? So wie es alle machen? Katharina Weiden strahlt übers ganze Gesicht. „Schön! Das werden Sie bestimmt mögen“, verspricht sie. „Ich hab's nicht ganz so scharf gemacht, aber Sie können ja nachwürzen. Ich lass mich gern von der ayurvedischen Küche inspirieren“, schwärmt sie.

Rebecca Färberich nickt verständig und langt zu.

Bauer Petersen zieht irritiert die Augenbrauen hoch und stiert auf seinen Teller, auf dem gerade ein großer Klecks dampfendes Allerlei gelandet ist. „Aha“, brummt er.

„Diese Philosophie kommt aus dem Indischen und beinhaltet unter anderem, dass eigentlich bei jedem Essen alle Geschmacksrichtungen enthalten sein sollen: süß, scharf, sauer, salzig ...“

„Soso“, meint der Landwirt skeptisch und schaufelt mutig eine Gabel voll in seinen Mund.

Tabea hält die Luft an.

Aber das überraschte „Ooch“, das Petersen einen Augenblick später von sich gibt, klingt äußerst zufrieden.

Erleichtert greift nun auch Tabea zu. Dann ist

eine ganze Weile nichts zu hören außer Kaugeräuschen und lobenden „Mmhs“.

„Das war lecker“, sagt Rebecca Färberich schließlich und schiebt den Teller von sich. „Ich kann nicht mehr. Super!“

Und wie aufs Stichwort stürmt Bert zur Tür herein.

„Ohne anzuklopfen?“, nörgelt Landwirt Petersen und sieht Bert fragend an.

„’tschuldigung“, nuschelt der und sieht Hilfe suchend Tabea an.

„Das ist Rebecca Färberich, Becky“, sagt sie und stellt umgekehrt Bert vor. „Und das ist mein Freund Bert.“

„Na, dann können wir ja endlich zu den Geschenken kommen“, sagt Becky lächelnd und greift neben sich auf die Küchenbank.

Tabea hat die ganze Zeit während des Essens versucht, nicht so auffällig auf die beiden Pakete zu schielen, die in buntem Geschenkpapier neben ihr lagen.

„Ich hoffe, sie passen“, sagt Becky geheimnisvoll und drückt sie ihnen in die Hand.

„Wow!“, sagt Bert ehrfürchtig. „Ein Paket aus Amerika.“

„Ich habe ja eigentlich keine Ahnung, ob man heutzutage noch Cowboy und Indianer spielt“, gibt Becky zu, während Bert und Tabea vorsichtig den Tesafilm vom Geschenkpapier knibbeln. „Aber da ihr offensichtlich reiten könnt wie die Indianer und ein mindestens ebenso großes Herz für Pferde habt, hoffe ich, dass ich damit richtig liege.“

Bert hat sein Geschenk als Erster ausgepackt. Er hält staunend eine riesige bunte Webdecke mit indianischen Mustern in den Händen. Seine ist hauptsächlich in Grün, Braun und Weiß gehalten, Tabeas in Blau, Braun und Weiß.

„Handgewebt von Navajo-Indianern im Reservat in Monument Valley“, sagt Becky. „Das ist fast bei Mexiko, ganz im Süden der USA.“

„Wow“, wiederholt Bert.

„Wahnsinn“, haucht Tabea. „Danke“, fügt sie dann hinzu. Den angedeuteten Fußtritt ihrer Mutter hat zum Glück niemand mitbekommen.

„Und jetzt würde ich zu gern Sunny und Tinker kennen lernen. Ob das wohl geht?“, fragt Becky dann.

„Klar“, antwortet Tabea. „Die beiden müssen doch ihre neuen Satteldecken sehen!“

Bert und Tabea stürmen als Erste quer über den Hof, dicht gefolgt von Benji, der ihnen kläffend um die Beine springt.

„Sie sind auf der Weide, wir holen sie nur

über Nacht rein“, erklärt Tabeas Mutter, die mit Petersen und Becky folgt.

Am Stall vorbei gehen sie ein kleines Stück den Weg hügelabwärts. Dort liegen die Hausweide und der kleine Reitplatz an einem Bach. Hinter dem Waldstück beginnt schon die Heide, wo Bert und Tabea am liebsten ausreiten.

Sunny wiehert ihnen freudig entgegen und setzt sich in Bewegung zum Gatter hin.

„Hallo, Einhorn“, begrüßt Tabea ihre Stute übermütig. Tinker, Rosa und Joscha traben Sunny hinterher.

„Rosa hier gehört meiner Mutter“, erklärt Tabea. „Und den Joscha haben wir auch vom Gnadenhof. Die beiden sind schwer misshandelt worden, aber hier haben sie's gut.“

„Das sieht man“, lobt Becky anerkennend und streichelt dem riesigen Braunen über den Nasenrücken.

„Mein Vater ist grade dabei, Joscha und Rosa einzufahren, mit Herrn Paslowicz Hilfe. Dem haben wir den Joscha nämlich eigentlich geschenkt“, erzählt Tabea weiter.

„Aha“, macht Becky. So ganz versteht sie die Zusammenhänge jetzt nicht. Aber das ist auch nicht so wichtig. „Ich schätze, hier werden sich Loki und Hadur wohl fühlen“, meint sie mit

Blick auf Tabeas Mutter und Herrn Petersen.

Jetzt ist es an Tabea und Bert, die Erwachsenen mit großen Augen anzustarren.

„Wir haben uns vorhin geeinigt, dass die Wallache so lange hierher kommen können, bis Rebecca wieder aus den Staaten zurück ist", erklärt Tabeas Mutter schmunzelnd. „Und danach sehen wir weiter. Vielleicht kommen Laika und Freya dann sogar auch auf den Käuzchenhof. Was haltet ihr davon?"

13. Kapitel

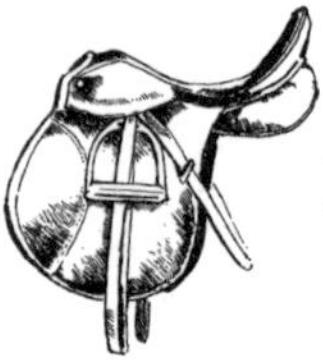

in dem Nicole ihr Geheimnis nicht länger für sich behalten kann, Becky Bert und Tabea ein großartiges Versprechen gibt und Maike und Jan sich wieder vertragen

Im Nachhinein hat Tabea wirklich keine Ahnung, wie Nicole es geschafft hat. Aber nun stehen sie tatsächlich zu fünft an Maikes Krankenbett in der chirurgischen Abteilung des Lüneburger Krankenhauses: Nicole, Bert und Tabea, Jan Winnebluth und Becky. Und keiner sagt ein Wort.

Nicole begutachtet interessiert die zahlreichen Instrumente, die um Maikes Bett herum aufgebaut, aber zu ihrer Enttäuschung nicht in Betrieb sind. „Ich finde Krankenhäuser klasse", bricht sie das Schweigen und zeigt auf einen Metallkasten. „Wozu ist das da?"

Maike richtet sich im Bett auf und folgt ihrem Blick. „Damit überwacht man die Herztöne", erklärt sie. „Und klasse findest du es hier nur, weil du nicht in diesem Bett liegen musst." Sie sieht bleich und schwach und dünn aus. Ganz anders, als Nicole sie ihnen beschrieben hat.

Nicole runzelt die Stirn. „Stimmt wohl“, gibt sie zu. „Tut mir Leid. Es ist nur … Ich will doch Krankenschwester werden. Oder Ärztin.“

Becky grinst breit. „Da würde ich an deiner Stelle Medizin studieren und Ärztin werden. Da verdienst du mehr Geld.“

„Das ist in Ordnung“, sagt Nicole. „Kann ich später bestimmt gut brauchen.“

Tabea sieht ihre Freundin mit großen Augen an. „Ich denke, du willst Pferdewirtin werden?“

Nicole schüttelt den Kopf. „Das wollte ich früher. Ich bin total gern mit Pferden und Ponys zusammen, aber wenn ich das mit euch so vergleiche …“ Sie sieht Bert und Tabea nachdenklich an. „Da bin ich nur ein kleines Licht. Beim Reiten sowieso. Und das Verarzten von kleinen Verletzungen bei Thorbens Shettys hat mir immer schon am meisten Spaß gemacht.“

Tabea grinst. „Stimmt! Wenn man bei dir nicht aufpasst, wird man selber auch noch von oben bis unten mit Blauspray desinfiziert.“

„Also nicht verknallt“, fasst Bert lauthals zusammen.

„Was?“, fragt Nicole entgeistert.

Jetzt wird Tabea rot. „Nichts, äh …“

Dann lenken zum Glück die Erwachsenen die

Aufmerksamkeit auf sich. Jan Winnebluth hat Maikes Hand umfasst und ist gerade dabei, ihr und Becky zum x-ten Mal zu beteuern, dass er es nicht besser wusste und ihm alles so Leid tut. „... und der Schmied war auch inzwischen da und hat bei Loki und Hadur die Hufe gemacht."

„Das ist ja wohl das Mindeste", raunzt ihn Maike an.

Becky legt ihrer Freundin die Hand auf die Schulter. „Na komm. Versöhnt euch!", bittet sie.

Tabea stupst Bert und Nicole an. „Lasst uns draußen warten", schlägt sie vor. Sie hat so ein Gefühl, dass die drei lieber allein sein wollen, ohne Zuhörer. Nicole zögert. Neugierig ist sie ja schon.

„Wir gucken uns dann mal draußen die Geräte an", zirpt Tabea und öffnet die Tür. Bert feixt. Er hat verstanden.

„Komme ja schon", grummelt Nicole und schließt die Tür hinter sich.

Nach ein paar Minuten stößt Becky zu ihnen. „Ich geb einen Saft aus", schlägt sie vor und lädt die drei in die Cafeteria ein. „Ich glaub, Maike und Jan haben mehr Hühner miteinander zu rupfen als ich. Dabei sind es doch meine Ponys", meint sie stirnrunzelnd.

„Muss ja irgendeinen Grund gehabt haben, dass Jan uns nicht die Wahrheit über den Unfallhergang erzählt hat“, überlegt Bert.

„Mit Sicherheit“, erwidert Becky. „Aber das geht uns zum Glück nichts an. Das müssen die beiden wirklich unter sich ausmachen.“

„Hmmpff“, macht Bert. Und Tabea kann ihn gut verstehen. Wirklich schade, dass Becky Recht hat.

„Und bei der Gelegenheit ...“, fährt Becky fort. „Was haltet ihr davon, mich nachher nach Wittorf zu begleiten? Ich brauche schließlich jemanden, der mir den Weg zeigt zu Vossibär und Frieda, damit ich endlich Freya und mein Fohlen sehen kann.“

„Logisch, Ehrensache!“, antworten Bert und Tabea. „Wissen Sie denn mittlerweile, wer Laikas Vater ist?“

Rebecca Färberich schmunzelt. „Kann eigentlich nur bei dem Isländerschautag im vergangenen Herbst passiert sein. Freya wird immer gleich rossig, wenn sie aufgeregt ist. Und das war sie an diesem Tag. Aber hallo, war die aufgeregt!“ Sie dreht gedankenverloren ihren Pappbecher in den Händen hin und her und nimmt noch einen Schluck. „Während des Fluges ist mir eingefallen, dass da irgendwann ein ziemlicher Tumult auf der Weide war. Dort hatte ich Freya zwischen zwei Prüfungen grasen lassen." Sie grinst breit in der Erinnerung. „Ich bin natürlich hingerannt, um zu sehen, was los war. Wenn ein Dutzend Islandponys, die sich nicht kennen, zusammen auf einer Wiese stehen, kann ja so einiges passieren. Na ja, irgendein junger Mann kam mir mit hochrotem Kopf und einem herrlichen Hengst am Zügel entgegen, und die Leute haben gelacht. Aber gesagt hat mir keiner was. Nur Sprüche haben sie gemacht, auf die ich mir damals keinen rechten Reim machen konnte. Jetzt natürlich schon. Tja, Alimente wird er wohl keine zahlen, der Herr Papa. Aber dafür musste ich auch keine Decktaxe löhnen. Und der Hengst sah ziemlich edel aus."

„Decktaxe heißt das Geld, das man normalerweise dafür zahlt, wenn man seine Stute zum Hengst bringt", flüstert Nicole Bert zu und rückt ihm dabei gefährlich nahe.

„Ich weiß", sagt der und wird rot.

„Und was machen Sie jetzt mit einem vierten Pony?", fragt Tabea weiter.

„Oh, behalten möchte ich es auf jeden Fall", antwortet Becky. „Vorausgesetzt, deine Eltern haben nichts dagegen, wenn ich gleich vier

Ponys bei euch in Pension gebe, bis ich hier wieder Fuß gefasst und meinen eigenen kleinen Betrieb gegründet habe."

Tabea strahlt. „Kann ich mir nicht vorstellen."

„Was denn für einen Betrieb?", bohrt Bert weiter.

„Ich bin abergläubisch", gesteht Becky schmunzelnd. „Aber so viel kann ich euch verraten: Ich habe da in den Staaten ein paar richtige Pferdeflüsterer kennen gelernt. Indianer und einen sehr alten Cowboy, der unglaublich viel von Pferden versteht. Zusammen mit meinem Studium lässt sich daraus vielleicht was machen. Für Kinder und Pferde. Und ihre Besitzer. Und euch kann ich vielleicht auch noch was beibringen. So als kleines Dankeschön. Aber das ist eine andere Geschichte!"

Die Ponys vom Käuzchenhof

VON

KARIN MÜLLER

Sunny bleibt bei uns
(Band 1)

Das Geheimnis im Stall
(Band 2)

Tabea sieht Gespenster
(Band 3)

Rätsel um Rosa
(Band 4)

Sommerfest mit Überraschungen
(Band 5)

Hilfe für Laika
(Band 6)

Die Serie wird fortgesetzt.